看不見的逆轉勝

林志宏 著

目錄

CONTENTS

序一——我認識的林志宏／劉長順

Taipei, International Management Council（Taipei IMC）
台北市國際工商經營研究社第六十三屆社長

我認識的林志宏

志宏兄和我同屬「台北市國際工商經營研究社（簡稱台北ＩＭＣ）」的社團；台北ＩＭＣ由林和引先生（志宏的三伯，東元前身的共同創辦人）與企業界知名人士共同創立於一九六一年，林和引先生為第一、二屆社長，志宏兄的父親林耕嶺先生也是台北ＩＭＣ第十四屆的社長。ＩＭＣ在台已超越一甲子，而我是今年二〇二三第六十三屆社長。

志宏兄因虔誠的信仰、任重道遠的使命感，使其性情開朗、快樂活潑，手足情深、溫文儒雅，樂於學習、服務回饋……，人稱 Fan，名符其實，是朋友的粉絲粉迷，不遺餘力熱情的推崇者，有如他公司的產品，風扇「煽動；激起空氣流動、讓人感到舒暢」！

Fan 在《看不見的逆轉勝》順光風機二代舵手一書的著作中，強調：「感謝，是發自內心」。書中感念家族從曾祖父起已是四代的基督徒，篤信真理使生命更具意義和目的；他推崇父親林耕嶺先生，人稱台灣風機之父是他一輩子最尊敬的人。

父親常引用麥克阿瑟為子的祈禱文：「我祈求你，不要使他走上安逸、舒適之途，求你將他置於困難、艱難和挑戰的磨練中，求你引領他，使他學習在風暴中挺身站立，並學會憐恤那些在重壓之下失敗跌倒的人。求你塑造我的兒子，求你讓他有一顆純潔的心，並有遠大的目標；使他在能指揮別人之前，先懂得駕馭自己；當邁入未來之際，永不忘記過去的教訓。」是他一生為人處事的座右銘，三十五歲那年他因父親所屬的西門扶輪社、經多位台北青商OB者引薦加入青商會，讓他深受各種領導力的基礎訓練。

志宏因主的恩賜和慈愛學會了感謝，讓他懂得感謝愛他的人，他的家人他的太太，還有他生命中出現的每一個人；因父親的激勵讓志宏得以在歷經三個關鍵時期的努力吃足苦頭、做足功課之後，於民國一百年他五十七歲時成為台灣風機龍頭順光集團扭轉危機的舵手，這一切發生的時機都是如此的美好，兼具充裕的實力和資源能為公司、為社會做出貢獻！

他特別強調為商之道，即做人做事之道，原來這才是最高的境界。企業永續的戰局必經多次的逆轉勝，往往成功的關鍵就在於持續經歷後的節節貫通，這本書每個章節的文章緊扣為人、處事、歷練、資源善用，及接班的創新轉型管理學。這場逆轉勝的戰局為了感念父親創業維艱、不捨二弟積勞辭世，為了將自己奉獻給順光的員工們，為了傳達基督的信念，妥善資源運用，用心傳遞善念，行善積福，創造社會價值。這是一本難得的、如此有深度、有溫度、有學養的好書，能同時解答生活上、以及生命中的疑點，點破成長過程，及經營管理上的盲點，同時對生命、心靈、信仰都有如此透徹的敘述，發人省思，不僅企業家、經理人、社團朋友，即使是一般人，也都可以得到不同的啟發，為自己的人生找出一片窗。

序二──幫助別人也創造自己價值的林志宏社長／林鑾鳳

RIDE Naomi
國際扶輪 2024-26 理事當選人

幫助別人也創造自己價值的林志宏社長

在一群以扶輪為主體的甲午馬會上認識了林志宏董事長，我們因有著馬兒豪邁奔騰、勇於冒險犯難的共通性而惺惺相惜。拜讀大作後，對他的抓住契機逆轉勝的態度格局更加欽佩。

他在青商會訓練，在扶輪學習圓融發揚光大。他是別人眼中含著金湯匙出生的少主，卻能夠捲起袖子，秉持基督愛人的精神而善盡社會責任。

扶輪是我們共同的搖籃，我們進來學習、出去服務。今年我忝為總監夫人，親眼見證他帶領保安社交出亮麗的成績單，並得到總監頒贈的扶輪最高榮譽「超我服務獎」。該社社區服務成效斐然，尤以偏鄉台灣之子著墨甚多，林志宏社長更帶頭前進慨捐美金 10,000 元挹注扶輪基金行善天下，各項服務加總來到台幣 1,000,000 元，幫助別人也創造自己的價值。社員成長 10%，社員由34成長至39名，並積極籌組新的龍安社，如他經營事業一樣，不斷的追求卓越與創新。

社團與企業是相輔相成的，期待他掌舵順光有福報有效能，順利又發光！

序三——執物範世，後學楷模／莊智鈞

建國中學校長

快樂奉獻的建中人

順光企業董事長林志宏先生為建國中學第二十五屆校友（六十二年畢業），先後曾經擔任台北青商會參議會第三屆主席、保安扶輪社社長，並積極參加建中校友會各項活動。他除了熱衷社會上各項公眾事務外，對於母校和小學弟們也非常願意回饋，例如在一一〇學年度、一一一學年度各捐贈十萬元，對於表現優異的社團給予獎勵，因為建中人一直對社團保有一份特殊的熱情，有「不入社團，猶如未進建中」的說法。一一二年六月得知一位將畢業但家境特殊的同學，立即以行動展現對學弟的提攜，希望他無後顧之憂。林董事長就像建中校歌所描述的充滿著「愛校如家」的精神。

人生不一定球球是好球，但是有歷練的強打者，隨時都能揮棒。人生若改以十年、二十年為單位來思考，也許會做出全新的選擇，並對成敗有不同的詮釋。

本書從家庭成長背景開始，到臨危接棒家族企業，在驚濤駭浪中突破難關，都流露出建中人不服輸的精神、強烈追求完美的心念。書中很多人生經驗的名言佳句，都值得一個領導者細細品味，尤其在遇到人生困頓時，不妨給自己一杯咖啡的時間，好好浸潤在書中的世界，與林董事長來個一場巧遇。

序四——一日青商一世青商／陳家濬

國際青年商會中華民國總會第六十二屆總會長
二〇二四國際青年商會世界大會籌備委員會主任委員

一日青商一世青商

青商信條寫著：「人格是世界上最大的保障、服務人群是人生最崇高的工作。」

我與志宏前輩是在青商會的場合上認識，當然我們兩位都已是超過40歲的OB會友，然而憑著彼此共同的青商信念，認識後也成為互相請益交流的對象。志宏前輩曾經在中國無錫與家兄碰面，談到台商在異地打拼的辛苦，也常與家濬談到桃園的未來發展趨勢。言談舉止之間，志宏前輩總是讓人覺得他是位溫文儒雅的人，與人為善，並且在處事上都能適切的一位長者。

我想是志宏前輩從小受到良好的家庭教育、再加上國際社團的洗禮。更重要的是有虔誠的信仰，讓前輩一路走來，雖偶有波折卻也能翻轉再向上。本書中的各項人生經歷，都值得後生晚輩多加學習。

淬鍊、魄力、成熟

社團、家庭、信仰

伴隨著前輩在人生的道路上更加堅韌、穩健、成功，讓自己好、讓身邊的人好、讓社會國家好、讓世界更好。我們一起努力！台灣加油！

序五——產業環保先鋒，致力於健康科研發展的林志宏董事長／洪明瑞

明志科技大學環境與安全衛生工程系教授

產業環保先鋒，致力於健康科研發展的林志宏董事長

多年前，在一次有關室內空氣品質（IAQ）的會議場合中偶然地認識了林董事長，經過幾次的交流與互動後，從此便結下了不解之緣！對於林董事長長期以來致力於居室與工業通風的營造並關注國人的健康與衛生，深受感動與折服。今其更勇於承擔，肩負台灣風機之父二代的傳承使命，本著對台灣這一塊土地的熱愛、眷戀與付出，盼為台灣的風機產業再

創高峰。

台灣繼韓國之後，成為第二個將室內空氣品質管理強制立法的國家，讓空氣品質的管理由室外延伸至室內私的領域，在人類空氣污染防制史上具有里程碑的劃時代意義，同時符合世界衛生組織（WHO）以及歐美日等先進國家追求「呼吸權（The Right to Healthy Indoor Air）」以及「免疫建築（Immune Building）」的發展趨勢。我國「室內空氣品質管理法」的立法與推動，對於台灣都會區日趨嚴重的病態建築症候群（SBS）、室內化學物質過敏症（MCS）以及建築關聯症（BRI）等問題的預防與改善，可謂一道鍼砭良方；此與林董事長畢生致力於良好居室與工業通風的營造，以及追求居家健康的理念不謀而合，更凸顯出——「看不見的逆轉勝」——乙書付梓的真知灼見、洞察機先。

晚輩何其有幸能為林董事長的大作寫序，內心誠惶誠恐，今後希望能以——「看不見的逆轉勝」——乙書為經緯，更加堅定地投入室內空氣品質評估、檢測、改善以及相關產業的服務，期能為提昇室內空氣品質以改善國人居住環境的衛生與健康，略盡棉薄之力。

序六——不驕不縱，深自謙恭／邱慶宗

台灣通風設備協會理事長
新北市家扶中心扶幼委員會主任委員

不驕不縱，深自謙恭——值得效法的企業接班人楷模

志宏兄：

是一位難得能掌握契機、展現逆轉勝魄力的二代企業家，是一位值得後生學習的傑出新舵手。

是一位良善具有愛心、且時時願意幫助他人的企業家，不僅在專業各方面多所琢磨精進，於企業對社會各方面貢獻更是不遺餘力，真令人欽佩

讚賞。

能於不景氣大環境中站穩腳步，讓難以出手的好牌一張一張打，導入新的企業經營觀念，活化善用手上可運用的資源，將死水變成活水，活水變成泉水，真的是不簡單，也讓許多同業刮目相看，拱手讚賞。

不同於一般富二代的紈褲子弟沾染滿滿好逸惡勞的驕性，志宏兄堪為時下企業二代與三代的表率，期待再創更佳契機、創新格局，一定能再執風機產業界牛耳，實為眾人期盼產業之幸，產業之福。

序七——忘年之交　榮神益人／李宜山

宜蘭基甸會前會長
Bill Lee /20230429

忘年之交　榮神益人

認識 Fan 前輩而成為忘年之交，真的是很特別的經歷。認識前輩是在二〇〇九年，當時我從美國回來宜蘭才一年多，經由羅東國際青商會前輩推薦，專程從宜蘭到台北，成為台北國際青商會的一員，雖然有些路程，但這裡面人才濟濟、歷史悠久的社團文化正是我欣羨，進寶山豈能空手而回，期許自己一週至少北上參加活動一次，像海綿一般的奮力學習，也真是如此增加了我的視野；不論是青商信條、青商訓練、YB同儕間的相知相惜、跟著OB他們的身教與言教，真的是很值得推薦年輕朋友，參加這個四大國際組織之一的國際青商會。

二〇一〇年起和Fan前輩頻繁交流；二〇一一年，我接任台北國際青商會會友聯誼委員會主委一職，正式邀請前輩擔任委員會諮議，開始跟前輩有相當多的相處和學習；前輩向我傳福音基督教信仰、介紹認識的家人、列席前輩參加的社團活動，除了青商會以外，還有扶輪社、建經協會、IMC（國際工商經營研究社Industrial Management Club），不只在信仰上、社經上的學習，而在運動強身方面也邀請我積極加入同行，例如參加一個月爬山一次的登山社，閒暇之餘也跟著前輩的腳步享受平民美食或是五星級飯店佳餚……前輩的興趣廣泛多樣，最近得知他年輕時還是教會跟學校合唱團的團員。

上帝奇妙高深的作為，時常想起二〇一三年十月六日那一次跟著前輩去到台中我的母校東海大學，參加台福教會宗派上百千人的大型主日聚會「台福宣教植堂運動—2020●200●20,000」的感動，這時的我仍是前輩在陪伴的慕道友、福音朋友，要到兩年後我才受洗。最近幾年看著前輩經歷了人生的高山和低谷、人生職份上的轉換、家人的離去、境遇或是身體的變化。前輩心中的上帝真是真實的神，祂陪伴前輩走過曠野，也經過青草地、可安歇水邊。在前輩身上，上帝溫柔的賞賜的種種特點持續在發揮著；沒有出生大家族自高之氣、留美自由派作風、有時不按牌理出牌、拓展網絡不被既有舒適圈束縛、願意分享、廣交好友、樂於學習、實現活到老學到老。求主耶穌持續帶領前輩前方的道路，無論得時或不得時，時時儆醒，走在神為前輩預備的道路上，成為合乎神使用的器皿、忠心僕人，榮神益人。最後以ＩＭＣ精神「非以役人，乃役於人。」出處在聖經與諸位先進分享。

「你們中間誰願為大，就必作你們的佣人；誰願為首，就必作你們的僕人。正如人子來，不是要受人的服事，乃是要服事人，並且要捨命，作多人的贖價。」～馬太福音第二十章第二十六至二十八節。

順光六十，奠基百年盛事

國內知名老牌風機製造廠順光企業，於2023年4月21日舉行董事會，投票通過原總經理林志宏擔任順光企業董事長一職。林志宏接棒父親前順光企業創辦人林耕嶺先生一手打造的順光企業，在順光今年邁入第60周年的歷史時刻接棒，格具接班意義。

林志宏董事長早期前往美國深造，回國後在順光各事業體歷練多年，具有豐富的商場經驗與優異的國際觀，其危機處理能力深受公司董事及員工推崇。在擔任總經理期間，以無比堅毅的精神帶領順光企業歷經數年的震盪順利反轉情勢，並成功地將位於土城金城路與忠義路口的廠房與建為順光天下廠辦園區，開啟順光企業的蛻變之途，預期將迎來全新的事業體營業績效。

林志宏董事長上任後，為順光未來發展訂出三大目標；首先要導入智能結盟，全力研發投資新一代風機，其次要優化資本與土地運用，開啟集團財源活水，最後則是培育專業經理人協助公司轉型，縱深品牌經營。

林志宏表示，未來順光集團在本業上，將由傳統的生產單位轉型為以研發與品牌革新為前導的風機技術引航先驅，布局上下游組成產業聯盟，找回台灣風機在兩岸的獨特地位。

另外在營運上，將募集更多的資金，強化轉投資的操作管理。

林志宏指出，順光從創立到現在，將員工視為公司最重要的資產，為員工導入更多的訓練模式，儲備轉型戰力，帶領傳統產業透過科學化的管理模式進行企業轉型。此外，面對全球熱烈推動ESG，順光也將積極落實ESG與企業減碳，驅動更美好的未來。

順光企業今年10月將盛大舉辦60周年慶，林志宏董事長將公開發表撰寫的勵志新書《看不見的逆轉勝》，更重要的是今年10月還要舉行順光天下園區上樑大典，象徵藉由順光天下的成立，順光企業將躍升為一個多角化經營的投資管理集團，繼續展翅高飛，順光的後續發展值得深切期待。

資料來源：黃台中，2023/04/24，〈順光企業董事長林志宏接任〉，《工商時報》。https://www.chinatimes.com/newspapers/20230424000268-260204?chdtv

綠意 順光天下

WORLD VISION

首席企業總部

點石成金，

土城變金城

順光集團。磅礡呈現

順光天下

點石成金，土城變金城

土地能量的轉移，順光天下翻轉土城

因應國際大廠高端產品供應鏈布局，以及新北工業區立體化政策新北產業形態由過去傳統產業逐漸轉型為高科技產業，區域內擁有龐大工業區的土城也逐漸從以前老舊廠房樣貌，轉變為更多高科技的廠辦群聚；順光公司因應時代潮流，提供自有土地，發揚一甲子的企業文化理念與內涵，實踐「向上發展」的目標，不僅帶動產業發展、優化產業環境整體服務機能，一舉成為土城現代化科技廠辦楷模。

質與量的蛻變，一座國際城市的誕生

現有土城金城路生活圈便利機能，主要由金城路串聯中和、三峽與國道三號而成，周邊科技大廠林立，沿線更有裕民路商圈、家樂福商圈、土城醫院、UNIQLO、藏壽司以及日月光商場、秀泰影城等大型商場進駐；近期統一集團更將興建複合商場辦，引進多家知名品牌進駐，預計將於2025年完工；金城路一段的板南線捷運「土城站」未來更將與萬大線的LG11站交會行成雙捷共構；區域發展上，更包含中工、國泰人壽、安澤建設、華南資產及勝仁針織案等五大都更案與兩大都計案，行政園區與司法園區皆陸續發展，不僅改善建築安全及整體市容，更促進土地合理利用，延續工業區產業機能，孕育出數一數二的科技產業，成為全球高科技發展重鎮。

- 1963 ▼ 順光電機有限公司成立
- 1977 ▼ 與日本金子農機合作，名列台灣500大製造業
- 1985 ▼ 太平洋建設及國泰建設建案如意型衛浴換氣機，大量銷售到
- 1997 ▼ 箱型噴流風機，ISO9001品保系統合格認證
- 2002 ▼ 台北市停車管理處、金門軍防部、中鋼大型採購案隧道、停車場接力通風STN及工業用噴流風機
- 2004 ▼ 設立大陸江蘇順光風機(無錫廠)
- 2010 ▼ 榮獲國際傑出發明家博士殊榮順光董事長林耕嶺先生
- 2011 ▼ 噴流循環扇拓展韓國市場
- 2012 ▼ 循環扇拓產網路及賣場通路
- 2018 ▼ 順光55周年慶 風行55順光世代
- 2022 ▼ 創造下一個50年「順光天下」工業區立體化全新廠辦，
- 2023 ▼ 順光60周年慶/順光天下大樓上樑

綠意錢龍廠辦專區(桃園)

親歷走訪，
才能成就完美

以「關懷大地、建設城鄉」為宗旨，成就20年輝煌
住宅超過1200戶、廠辦達200多戶肯定
綠意為民眾打造安心住居，興建宜居好宅

綠意開發(股票代號2596)

2017年國家建築金獎三冠王

2017年天下雜誌「2000大調查」服務業最會賺錢公司獲利率28名

2017年5000企業經營績效第26名、服務業經營績效第16名

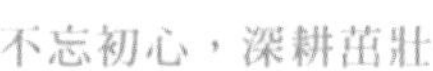

不忘初心，深耕苗壯

親歷走訪，才能成就完美

以「關懷大地、建設城鄉」為宗旨，
成就20年輝煌，住宅超過1200戶、
廠辦達200多戶肯定，
綠意為民眾打造安心住居，興建宜居好宅

綠意開發董事長 許燈城

結合當代建築架構與趨勢無限的設計巧思，
再經由大量不同類型個案所累積的經驗，
才能為企業主精心規劃雄踞世界的藍圖

台灣廠辦首席建築師 沈國皓

大膽創新，才能體現當代

多元建材融合，放大材質運用的無限可能
前瞻外觀，內裡簡約，成就企業不凡氣度

首席外觀設計師 王泰安

第一章

決戰前夕

我是一個不喜歡一成不變思維的人，尤其在遇到困境的時候，不會將自己困在一條昏暗的單向道中。有句名言曾說：「平靜的湖面造就不出精悍的水手，安逸的生活造不出時代的偉人。」這句話對我、對父親、對英年早逝的二弟、對順光企業都是一針見血。

「上天完全是為了堅強你的意志，才在道路上設下重重的障礙。」——泰戈爾。並非我不在那條保守的道路上堅持，我寧願將有用的資源作活化，解決困難，再創生機，而不是坐在那裡顧影自憐，任其凋萎。

有人說我善打順風球，善於使好牌；可是，這些批評我的人並不知道，要能夠不使一手順風順水的好牌打壞，更是一種無上的藝術。何況在表面看似完美的這些好牌之下，暗地裡曾有許多不為人知的風雨暗礁，像一艘攸關家族榮景與企業近百員工生計的大船在浪濤中載浮載沉，別人看似風平浪靜，卻難以窺見其凶險。接班之後，我扛起了所有責任，努力在社團裡善結我的人脈，最後找到翻轉的契機，成功打出了逆轉勝的先局。

對於危機我勇於面對，也比我的父親更勇於斬斷過去。這點，我想是在決戰過後，林家能重返榮景的要素之一。我雖然個性溫和，不喜與人爭執，但是我總是盡力想要達成期望之外的目標，如同當年我在和平扶輪社與華陽扶輪社裡推動扶青團，從一開始的只有自己出錢出力，到慢慢一個兩個、三個四個年輕人看見我的努力，紛紛主動協助幫忙，到現在我都

1985 George Washington University
取得碩士學位

還記得他們的名字，這些年輕會友都跟我建立起一同打拼的革命情感。

畢業於建國中學的我，後來進入美國喬治華盛頓大學（The George Washington University，全美前五十大名校），並於一九八五年二月順利取得碩士學位 Master of Art Degree。雖然一生之中於婚姻之路走得顛簸，但對於我的第一任太太長達二十年的結縭之情充滿了感激。我有一男一女，兒子畢業於台灣清華大學化工系，美國南加大生醫工程碩士，曾擔任中鼎工程方法設計部工程師，目前在保瑞藥業集

外孫與外孫女

外孫漢寶

團的竹南益邦製藥廠擔任驗效工程師。女兒畢業於台灣長庚大學，在美國矽谷 Tenable Security Inc. 任職軟體開發工程師。女婿為台大工程科學及海洋工程學系畢業，美國密西根大學電機工程學碩士。目前是美國矽谷 Palo Alto Firewall Company 前端軟體開發工程師。

我對孩子的教育方式裡雖然有著不可移除的傳統家庭規範，但由於在外國已久，自己仍頗為尊重子女的發展選擇。而在人生後半場，幸運地認識了現在的太太蔡莉馨小姐，她是一位獨立卻兼具著溫柔體貼美德的女性，不僅將自己的文教產業經營的有聲有色，還願意在我人生步入晚年的時候，來到我身邊相知相守，給我無比的滿足與幸福感。我，林志宏，人稱順光風機的二代舵手，不論人生處於順境與逆境，都很欣慰有一些力量適時的出現幫助我成長，給我光芒，在黑暗的時候能夠穩住自己，看見希望。我想這是主帶給我們整個林氏家族世代虔誠信仰的回報，我們相信主，主就會將奇蹟帶來我們的身邊。

我的一生，看似人人口中的人生勝利組，有著滿滿的一手好牌，但我的前方充滿了看不見的無形挑戰，我雖然有著自己想做的事情，卻也知道自己就是這個家庭的一份子，每當戰役浮現之時，卻又如此巨大而嚴峻，但是我從來不拒戰、也毫不畏戰。當初我嚮往自由的生活，選擇在美國定居八年，做起了電機與電器產品經銷的生意，本以為我能就此在美國落地生根，對於家中的事務與順光的業務雖有耳聞，但當時我認為父親有他的規劃，所以並未表示太多意見，多以支持父親的重大決定為主。

一連串的衝擊，讓我不得不正視所有改變現狀的可能，從父親留下的事業、家族的榮耀，到開創另一個前所未見的將來，我已扛下這些看不見的光榮戰役，謀定而動，打出一場看不見的逆轉勝。

第二章

三張好牌

磊落颯爽　活潑好動

從小，我算是一個滿會讀書的學生；正確說來，應該算是一個頭腦好，但不是能坐在書桌前很久時間的人。我愛交朋友、愛挑戰，卻不固執地鑽死胡同，我這樣的性格正確說來，是不願輸給人，有爭勝的念頭，但卻不需不擇手段地獲勝。

做人的敦厚與善念，也無疑地表露在我一生的作為之中。

我在高中時代是念建國中學，但是在初中時代我就讀的是大同中學，當年大同中學是一所非常有名的中學，升學率極高。原因在於學校裡出了兩個很嚴厲的老師，全校的學生都稱這兩位老師為「牛頭」跟「馬面」。觀其名，二位老師臉色陰森，頗似酷吏，手下也毫不留情。也就是說，他們對於分數不及格的學生是會採取嚴格體罰的，整個大同中學的學生都聞其名而色變，在學校看見那兩位老師時，唯恐避之而不及。我雖然幸運沒有直接成為那兩位老師班上的祭品，但我的老師也不遑多讓，效法商鞅，教學與帶班都是以嚴格出名的，所以在此高壓的學風之下，我對於念書也就自然格外的認真，同時順利的考上了建中與台北工專兩所最頂尖的學校。

建國中學的學風極其開放，我的高中世界裡沒有了高壓統治的千斤頂，頓時整個人心情都開朗了起來，天天都處於快樂亢奮的情緒中。建中學生的素質是全國之冠，天資聰穎之人不可斗量，傳說建中學生前兩年都在玩，只念高三那一年就幾乎都可以進入全國頂尖的大學，這個說法是千真萬確的。雖然我也覺得我的頭腦不比人差，只是別人玩兩年，但我高中三年都在玩，最後考上了中興大學的會計系。眾所周知會計系的學問格外的艱澀難懂，對我來說真是枯燥到了極點，一個學期之後，我發現我的未來跟會計這門學問應該是兩條不會交錯的平行線，於是毅然決定重考。沒想到最後反而進入了文化大學觀光系夜間部就讀。

那時大學夜間部的學生白天大多都有正職的工作。以當時我們家裡的條件，完全不需要我去外面工作，但父母卻沒有阻止我到外頭去接觸社會的現實面。當時我應徵了一家位於台北市頗具規模，專門做機票代理的西達旅行社公司的業務人員，西達的票務代理範圍囊括當時所有最熱門的國際航線，包含德航、美國聯合航空、Delta、CP加拿大航空以及PR菲律賓聯合航空，已經可以說是當年台灣這方面的龍頭企業。其中美國聯合航空與菲航有直飛台灣，其他三家都要在韓國或香港轉機。而我的主要工作就是開發旅行社的國外旅行團的業務，平日要賣我們航線的機票，其餘的時間則要自己招攬或開旅行團增加公司收入。當時恰巧遇到民國六十八年政府開放觀光的商機，這些航線也有默契的形成了一個航空聯盟，可以利用這些簽約的航空公司互相轉機，類似像現在中國的天合聯盟（港澳台中，中國境內航空與港龍，華航等公司合作）讓旅客可以自由經濟方便的往來歐美、香港、菲律賓、新加坡、泰國等地，連帶也拉抬了我們公司旅行團的業績，而熱門航線常常是一票難求。

當時的兩岸正走向戰後開啟民間互訪觀光、但仍未解封直航禁令的時機。對於想要進入大陸探親或經商的台灣人來說在無法直飛的情況之下，也能巧妙地透由轉機進入香港而後輾轉進入中國大陸。由於這類的旅行團實在太搶手，領隊人數嚴重不足，不只是我這樣的業務人員，連公司的會計都要兼做領隊帶團出國。在這段期間自己就帶過三個團，其中一團是美西團，行程往舊金山跟夏威夷一帶，也透由這樣多采多姿的生活開啟了我在國外的視野。由於在旅行社工作的那段時間，自己已有規劃要到美國攻讀碩士的計畫，爾後旋即進入美國喬治華盛頓大學攻讀觀光發展與旅遊管理研究所，兩年之後順利取得了碩士學位。

◆第一張牌　接受徵召，回台接管高球場開發事業

剛到美國的的第一年，我已經與第一任的太太結婚。婚後由於她也喜歡美國，而她的哥哥當時已經在洛杉磯定居數年，所以決定舉家都搬到ＬＡ跟她哥哥依親。

後來就在美國以我跟太太的名字開了一間公司，專門從事進口台灣所生產的電器與電子材料商品販售，其中有一項是類似小耳朵的無線電天線，它可以分享電視訊號讓其他電視接收後一起收看節目，這個商品當時在美國賣得很好。我當時看見的商機其實是因為美國人很喜歡台灣所生產的優良電器商品，所以應該能有很好的市場銷售情況，只是市場雖好，但

現實上因為在貨源取得的價格利潤有限，所以雖然有賺錢，但離要致富還有一大段距離。後來父親認為我們家族裡自己有事業，適逢楊梅的東大育樂股份有限公司（高爾夫球場）準備開展，父親覺得我應該學以致用，就要求我結束美國那裡的生意回到台灣接手球場經理一職，接下了第一張看似有無限未來的好牌。

有土斯有財，土地往往是一個家族企業延續榮景的根本操作，早年的企業家辛苦的攢得了事業上的財富根基，會購買大量的土地置產，等待時機成熟做事業上的投資與開發。時逢民國六、七十年代蔣經國總統所推行的十大建設帶動台灣經濟的高速起飛，一夕之間市場上對於工業土地與廠房的需求暴增，而經濟面的改善也帶動了人口往都市周邊移動。於是當時的大四層樓房、獨棟透天、工業與食品廠房以及辦公大樓需求旺盛，到處都可見到建設公司瘋狂獵地或者希望與地主合作興建的蹤影。我記得在民國八十年前後，當時對大片土地需求最旺盛的的是興建廠房、住宅造鎮，以及伴隨經濟富裕而開發的育樂工程，其中就包含了大型遊樂園和高爾夫球場等。而順光企業在父親的穩健掌舵之下，產品業績蒸蒸日上，當時順光一年的營業額已經有新台幣兩億元的營運水位，而一個員工的月薪才在新台幣一～二萬多元上下，而父親豐沛的人脈資源，也為他導入了眾多的投資商機。有了足夠的資金與資源之後，父親如同許多的優秀企業家一樣開始投資土地。由於父親熱愛高爾夫，還曾經擔任過老淡水高爾夫球場的台灣高爾夫俱樂部的副董事長（當時董事長為辜寬敏先生），積極且投入地推動高爾夫球運動，高爾夫運動是一項需要財力證明的高消費運動，自然收入獲利方面也能夠相當的豐厚，父親在台灣高爾夫俱樂部開創期間，導入全新優質的會員制服務，並整建球場設施，經營的榮景讓他對高爾夫事業的投資保有高度興趣。

民國七十六年時，父親邀集了當時的東元電機公司董事林明穉女士、台灣三菱電機董事長等投資者在楊梅與湖口地區獵地，大夥看中了一塊橫跨湖口與楊梅交界的美地覺得很合適用來做為球場的開發。我們知道高爾夫球場的地塊選擇十分特殊，包含了A.地勢要求：有平坦的山坡地與微起伏的天然特徵，不能太崎嶇，也不宜太陡，具有樹林與水面等天然原始頻障作為設計屏界。B.土壤要求：高爾夫球場的球道和果嶺都需栽培高質量的草皮，對土壤的剖析處理十分重要，砂質土壤是高爾夫球場包覆的土壤是否可以滿足植草皮的需求。C.交通便利：高爾夫球場應有便利的交通條件，通常選在高速公路鄰近或城市幹道鄰近。D.水源足夠：高爾夫球場大面積草坪維護需求很多的水，水源供給足夠是影響球場維護的重要因素。E.環境高雅，球場應挑選環境高雅、氣候宜人的區域，如湖邊、林間、景色地、山坡地等。

除了以上因素之外，在開發過程中最棘手的問題並不是天然的條件，而是在於土地整合與執照的取得，我想起當時鄰近已經有幾家頗具規模的高爾夫球場，同業競爭之下，免不了對於外來投資者的大力干預。深入其中，才知道這個世界上人心的深不可測，但對於以利益掛帥的商業戰爭中，贏得勝利，好像才是最後被人恭迎的王者。

人生中的首場戰役，我站在一望無際的荒坡上看著天上詭譎不定的黑雲，接下來的深淵黑洞，讓我足足在此生中戰戰兢兢，面對接下來的每一場危機。

◆第二張牌　閒置資產，投入陌生的加油站經營

民國八十九年，結束了艱辛而困苦的高球戰役後，父親為了活化土城廠的後方堆積雜物的閒置空地，做起了中油加盟站的經營項目。由於順光

廠的出口是在後方的忠義路上，隨著土城的興起，反而在幹道旁面向大馬路，占地約三百坪的倉庫用地變得炙手可熱。父親主動指派我來擔任這塊新事業的操盤者，前後投入了新台幣兩千萬元左右的資金成立了順光加油站（宏展興業有限公司）。對我來說，經營一間加油站就如同開一間新公司一樣，看起來好像不是一件很困難的任務。從整地、找尋建築師與營造商、添購設備、召聘員工，然後就開始做生意，一切看似如此的容易，其實卻不然。而開啟投資的動機來自附近的三花棉襪施董事長的合作邀請，施董事長也是父親的好友，他看中了順光位於中央路三段與後來金城路一段交界的這片三角地，主動積極地派人來洽談合作，當時的三花棉業踩中了加油站經營的先機，已經在新北地區握有數個加油站據點，聽說獲利相當不錯。另一方面，當時的中油挾著國營背景也積極的在招兵買馬，擴大新開展的加盟體系。

父親的思維一向不喜歡靠在別人的肩膀下生存，既然是順光的新事業，就必須由自己來主導，剛好施董的一個概念，引起了我們對於投資加油站項目能創造資產投資收益的雄心，轉移一下高球場開發案上的失利。我們心想，若有中油的完整輔導，自己開設加油站這個生意必定能像其他中油的直營站一樣川流不息，於是決定婉拒了施董方的熱情邀約，派我主導這一次的新事業開展。

雖然我對於加油站從籌備到建設是一竅不通，但是幸運的，二弟介紹了一位曾幫中油加油站作過設計規劃的建築師來協助我；另外在站務營運方面，也透由召聘時期原儲備站長張志隆先生的引薦，認識了前中山北路頗負盛名的西歐加油站前站長吳俞鋒先生，在我的積極邀請之下，吳先生答應加入我們加油站公司的陣容中，並擔任了十年的站長工作。

加油站是一個競爭激烈的行業，在開業一兩年後，土城地區的工廠與商業人口開始攀升，而相對的同質性的加油站也如雨後春筍般的加入這個兵家必爭之地。除了中油以外，包含台塑的進駐，到後來的全國加油站的連鎖式衝擊，都挾著強大的資本與資源進入這個市場。而我們的加油站雖然不斷的調整經營策略與行銷方式，終究在成本的壓力下漸漸力不從心。順光前後投入了約兩千萬的資金，在第五年起出現了首度虧損的情形，經營的壓力也開始慢慢累積，吳站長的經驗確實讓我們在前期看見了不錯的獲利，而吳站長確實也是一個相當優秀的人才，直到今天，我認為沒有這一批班底，順光加油站的事業可能還會提早被洗牌。

◆第三張牌　臨危受命，接管順光風機與家族使命

在經營加油站的末期，順光在大陸投資的廠區也出現了經營管理上的

問題，雖然二弟在二〇一一年親赴無錫坐鎮，然而班底出走與同業夾攻的險境讓他心力交瘁，猝然的病逝於異鄉。原本內定二弟為繼任掌舵者的順光企業，頓時沒有了接班人，然而當時不僅發生了高村事件，順光江蘇廠這十多年來的經營弊病，除了投資獲利不曾回流以外，連本帶利預計已經有了超過三千萬元的經營呆帳。我當時面對了高球場的開發延宕、加油站的經營危機與順光大陸廠的覆滅之危，而父親也因為二弟的過世已經無心再度接手操盤，漫天的烏雲急速壟罩在我的頭頂。資金調度與經營上的壓力使我不得不重新思考整個林家與順光的未來，我必須重新挑起重擔，改變心態，如何健全既有的資產策略扭轉情勢，既是義無反顧，而且任重道遠。

民國一百年，我成為台灣風機龍頭—順光企業扭轉危機的舵手，那年，我五十七歲。

第三章

基督與我的家族

我們所侍奉的主

基督教對我們整個家族來說具有深遠而巨大的影響力，從曾祖父林蓄時代一直到我為止，林氏家族已經是第四代的基督徒了。當然，也不是說從祖先開始當基督徒，就有多麼的了不起，我認為持續的虔誠侍奉，才是對主信仰最好的鐵證。基督教對我身邊伴侶的影響，包含我的第一任太太，還有現在的太太原來都不是基督徒，但我相信現在的太太以後也會成為一個虔誠的基督徒，因為她很喜歡聽我的禱告，並不會排斥。

特別是我孩子的媽媽本來並不是基督徒，但是她十分欣賞我做為一個基督徒的虔誠行為。渴望有孩子的她有不易受孕的體質，就大膽地跟上帝打了賭，若能夠讓她生下健康的寶寶，那她就信主。這件事情對於上帝來說是極其容易，所以不久後太太也順利懷孕，自此她完全相信上帝的神蹟與愛，並且成為一個非常虔誠的基督徒，最後還成為教會的長老。更令我佩服的是她謹守著對上帝的「什一奉獻」，這是不容易的，據《聖經．創世記》記載，亞伯拉罕把所得的十分之一獻給耶路撒冷城的麥基洗德，這普遍被視為什一奉獻之起源。信徒必須將自己的所有收入中的十分之一捐給教會，許多人認會賺錢的十分之一會不會太多？但是若以另外一個角度來看，主不會讓你白白奉獻，你奉獻越多，那麼上帝會賜給你十倍的收入，所以人的財富會越來越多，就像青商會的教條中說，貢獻越多，收益越豐。事實上不論是扶輪社或是青商會，因為都是從歐美傳來的商會組織，在組織的規範中都能見到許多基督教會的一些影子。

青商會它的青商信條裡面，一開始就講說我們篤信真理：

我們深信

We Believe

篤信真理可使人類的生命具有意義和目的

That faith in God gives meaning and purpose to human life

人類的親愛精神沒有疆域的限制

That the brotherhood of man transcends the sovereignty of nations

經濟上的公平，應由自由的人通過自由企業的途徑獲得之

That economic justice can best be won by free men through free enterprise

健全的組織應建立在法治的精神上

That government should be of laws rather than of men

人格是世界上最大的寶藏

That earth's great treasure lies in human personality

服務人群是人生最崇高的工作

And that service to humanity is the best work of life

以英文來看，跟基督教的主意義是非常相近的，只是青商會沒有將主基督放在組織裡來運行。扶輪社也有異曲同工之妙，每次例會的程序就如同在教會做禮拜一樣，有唱歌、唱詩，然後才進行報告。會議之中都會有一個主題，會邀請主講人來佈達這個主題，就好像牧師在講道一樣，儀式後面有收奉獻與歡迎會友自由樂捐。

教會的信仰養成

小學的孩子是上主日學[1]，初中高中則是少年團契、到大學以後就進

1 主日學（英語：Sunday school）是基督教教會於主日（通常即星期日，部分教派為安息日）

入到青年團契，成年之後正式參加做禮拜。團契也是教會的一個組織，十八歲以前會有另外的老師上課，或是帶動他們唱歌等等。

最近我的太太跟我去教會，太太對於為何我每個月第一個禮拜都要守聖餐這件事情非常好奇，我告訴她聖餐是由主耶穌最後的晚餐而來的，耶穌基督在被捕的當晚和門徒吃筵席，祂拿起節期用的沒有發過酵的餅，向天上的神禱告後說：「這是我的身體，為你們捨的。」就分給門徒吃，接著又拿起節期所用裝葡萄汁的杯，說：「這杯是我血所立的新約，是為你們流出來的。」然後給門徒分著喝（路加福音二十二章十九至二十節）。主耶穌把餅和葡萄汁說成祂的身體（肉）和血，給信祂的人吃和喝，卻顯明了主耶穌很愛我們、為人捨命、要賜人生命。

最後的晚餐

主吩咐門徒去做：當主賜餅和葡萄汁給門徒吃喝時，又吩咐他們要照著去做，為的是紀念祂（路加福音二十二章十九節）。後來門徒們都遵守主的吩咐。今日我們亦是如此做，直到主耶穌再來之時。主耶穌說：「吃我肉喝我血的人，常在我裡面，我也常在祂裡面。」（約翰福音六章五十六節）。屬物質的食物，在人體內化成能源，提供工作的力量，聖餐是主的血和肉，是屬靈的食物，人領受，就能體會主耶穌住在我們裡面，

早上在教堂或其他場所進行的宗教教育，一般在主日敬拜之前或之後舉行。主日學的形式多樣化，因教會而異，內容多以查經、教授基本聖經內容為主，並由教會所指定的小組長、執事、傳道或牧師講道。羅伯特・雷克斯於1780年7月在英國格洛斯特創立。當時童工在工餘時無所事事而在街頭遊蕩，造成許多社會問題。為了使孩童有受教育的機會，及解決這些社會問題以改造社會，聘請了四位女教師，以一日一先令為謝禮，開始利用主日崇拜前後的時間，教導六至十四歲的兒童讀書識字、學習聖經，並培育他們的品德和待人接物的態度，也間接地為他們提供了照顧。後來主日學漸漸為大部分天主教和新教等基督宗教體系採納，分設成人主日學、青少年主日學、兒童主日學等。

而成為我們生活的力量，可以克服一切壓力，因我們有主作為倚靠。（彼得前書五章七節）。

每次我領完聖餐時，也同時在反省這段日子自己的舉止言行，是否持身端正，是否救助弱勢，遇見無力煩悶的事情時，是否有誠心向主禱告，請求主的照護，我知道主的聖餐在我的體內增生了力量，讓我感到格外的寧靜。在我的心境平復下來之後，我會很peaceful，開始關注身邊比我更需要照顧的人，實踐主交付給我的任務。對於我來說宗教是人生必備的精神食糧，我們人是由身心靈組成，一旦身心靈沒有達到平衡與滿足，會產生憂鬱症，會暴肥爆瘦，會產生睡眠障礙等等，這時宗教就是安定心靈一個最大的力量。人在低潮的時候，我們也需要宗教來護持，讓人生不會充滿絕望。

因為信主而得以進入天國

人生在瀕臨死亡的前夕，是最需要宗教來護持到天神的國度，得到神的庇佑，進入真善美的永恆世界。癌末病患聽見醫生宣判自己只剩下兩個月的生命，那時心裡會很惶恐，因為人並不知道死後的世界的模樣，死後該往哪裡走，也不知道自己會往天堂或地獄走，心中忐忑不安。我父親在臨終之前，牧師排除萬難的趕到了父親的身邊，將他的靈接了起來，這是牧師傳道的責任之一，父親在臨終這段過程中，牧師不離不棄的跟在他身邊禱告，求主引領父親的靈進入天國之門。二弟在大陸過世之時並沒有牧師在旁引領，有一次我到江蘇的時候認識一個風水師，他在工廠裡看了看，說弟弟的靈不是很安穩，不時地在背後提醒我很多事情。我認為人過世的時候，一定要藉由信仰還回歸主的懷抱，才有機會安穩自己的靈，而進入天國的窄門。

我的三伯母東元阿嬤偕林明穪女士一家可說是最虔誠的基督家庭，因其祖母偕烏妹女士是馬偕醫生的首任女性弟子之一，因此他們的姓氏上冠了一個偕字。有一段東元的故事非常令人感動，東元電機在三重開設了新的生產工廠，五位創辦人在工廠開工前一天在門口站成一列向主用心的禱告，祈禱東元能就此一帆風順，如此用心也讓主一路的眷顧東元的成長。而我目前的教會是從

父母與三伯母東元阿嬤林明穪女士於百歲大壽合影

美國洛杉磯發展回來的台福教會，原名為台語福音教會，因為後來新進的美國的第二代不會講台語，於是更名為台福教會。

幸福與陪伴，因主恩賜

今年五月份，我與蔡莉馨小姐締結連理，走向相知相惜的幸福人生，為了請上帝也見證我們的喜悅，特別央請台福教會的林牧師為我們證婚，在證婚的時候林牧師囑咐我們兩人不論是健康、或是生病的時候都不能夠離棄對方，已屆八十高齡的林牧師又特別交代另一位年輕的牧師印製了哥林多前書中一篇愛的真諦，贈送給我們兩人當作結婚禮物。

愛的真諦

＊即使我能說人類和天使的各種語言，如果沒有愛，我不過像

作響的鑼和鈸。

* 即使我能作先知講道，又明白各樣的奧祕，而且學問淵博，甚至有移開山嶺的信心，如果沒有愛，我仍然算不了什麼。

* 即使我傾家蕩產賙濟窮人，甚至捨己捐軀任人焚燒，如果沒有愛，對我也毫無益處。

* 愛是恆久忍耐，又有恩慈。愛是不嫉妒，不自吹自擂，不驕傲自大。不輕浮無禮；不自私自利，不輕易動怒，不懷怨記恨。

* 不喜愛不義，只喜愛真理。

* 凡事能包容，凡事有信心，凡事有盼望，凡事能忍耐。

* 愛永不止息。然而，先知講道的恩賜終會過去，說方言的恩賜也會停止，學問也將成為過去。

* 我們現在知道的有限，講道的恩賜也有限。

* 等那全備的來到，這一切有限的事都要被廢棄。

* 當我是小孩子的時候，我的思想、言語和推理都像小孩子，長大

後，我就把一切幼稚的事丟棄了。

＊如今我們好像對著鏡子觀看影像，模糊不清，但將來會看得真真切切。現在我所知道的有限，但將來會完全知道，如同主知道我一樣。

＊如今常存的有信、望、愛這三樣，其中最偉大的是愛。

另外有一個教會執事送給我一對高花籃作為結婚贈禮，賀詞中寫著：

祝百年好合，在基督裡。

說明你們兩人組成的的家要以基督作為這一家的主人，我們在聖經裡面有有約櫃，代表神就在家裡面守護的意思，約櫃是傳說中希伯來人依造上帝的旨意打造的櫃子，有神諭的意義。我們家的門上都有掛上十字架，表示我們是基督徒的家庭。

作為一個虔誠的基督徒，我也用這個信念來教育我的子女，從出生一開始的獻兒洗，到十五六歲確認信仰的堅信洗，教會的教育也讓我對我的子女在人格養成與尋求自己的人生信念上面，都能堅信主所指引的方向，努力實踐、貢獻社會、扶助弱勢。我想基督的精神，會在我家族的血脈中一直綿延流傳，今日所有的一切美好，我把榮耀歸給主，感謝讚美主。

東元阿嬤林明穡長老入殮．安葬禮拜

東元阿嬤愛神愛人是虔誠的基督徒，林明穡長老曾就讀於淡水女學校，後遠赴日本就讀東京藥學大學。

在日本求學時認識就讀早稻田大學的林和引先生（東元電機公司第一董事長），東元阿嬤與林和引弟兄在日本於同一間教會聚會，又是日本YMCA同盟的幹事及東京台灣基督教青年會委員，在共事而共識下，後結為夫妻，建立美滿婚姻家庭。

戰後回台，當時由哥哥偕林波士先生與林和引先生共創東元電機公司，找到廠房時，林明穡長老等五人即站立獻上感恩，一起唱詩、敬拜、祈禱感謝，東元的運作是先從祈禱、感謝開始，因此帶來上帝的祝福。

東元阿嬤與林和引董事長，育有一女林和惠教授，是傑出的音樂家，女婿黃茂雄長老是傑出企業家，多年擔任東元公司董事長。

林明穪長老於二〇二一年十月五日晚上，在睡眠中平靜的息了在世上一百零三年的旅程。

第四章

父親與我的成長

我的父親，人稱台灣風機之父，是引領現代科技廠擺脫傳統廠房惡劣環境的林耕嶺先生，也是我一輩子最尊敬的人。他一生篤信主的愛，自始至終，從未有一天脫離主的懷抱。父親常常引用麥克阿瑟為子祈禱文中的話來表達他對子女那些深切的期待與關愛。

我祈求你，
不要使他走上安逸、舒適之途，
求你將他置於困難、艱難和挑戰的磨練中，
求你引領他，使他學習在風暴中挺身站立，

東元阿嬤和黃茂雄會長出席順光公司55週年慶典

並學會憐恤那些在重壓之下失敗跌倒的人。

主啊！

求你塑造我的兒子，

求你讓他有一顆純潔的心，並有遠大的目標；

使他在能指揮別人之前，先懂得駕馭自己；

當邁入未來之際，永不忘記過去的教訓。

他對我的影響來自於手把手的身體力行，也就是以身作則的身教。從小父親歷經刻苦的農作生活，也做過基層的銷售員，在經商之路上從小生意做起，靈活但重承諾的特質讓許多人喜歡與他往來。而父親特別重感情，而且樂意幫助別人，他一輩子都不缺朋友，許多後輩更是長年定時的茶敘問候、執禮甚恭。我心中的父親記憶，並非是整天將我們抱在懷中的溺愛形象，而是明確地告知我們為人處世的立身準則，就如同他一輩子服侍主耶穌，沒有動搖過對主的信仰。

詩篇二十三篇

耶和華是我的牧者，
我必不致缺乏。
他使我躺臥在青草地上，
領我在可安歇的水邊。

父親、母親與我

他使我的靈魂甦醒，
為自己的名引導我走義路。

我雖然行過死蔭的幽谷，
也不怕遭害，
因為你與我同在；
你的杖、你的竿，都安慰我。

在我敵人面前，你為我擺設筵席；
你用油膏了我的頭，使我的福杯滿溢。

我一生一世必有恩惠慈愛隨著我；
我且要住在耶和華的殿中，直到永遠。

堂兄林恩增長老（二伯之子）回憶我的父親（喚父親為七叔）曾經對他說過一句很豪氣的話：「**我們竹仔門的男人就是有天生的正義感。**」細想這句話用在林氏家族的長輩身上，再貼切也不過了。而由父親一手創立的順光風機體系能夠受到兩岸台商的獨家青睞，絕非一蹴可幾。順光的土城總部到今日已經傲立了五十個年頭，也在對岸的江蘇無錫經

順光公司幹部合影

營了十五年，每一項順光出品的風機都能保固十年以上，而我們所生產的順光衛浴換氣機（如意型），更是許多大樓指名採用的產品。父親曾說，員工是順光的命脈，待過順光的員工們都知道父親是一位實事求是，卻會關心照護員工生活起居的好老闆。父親驕傲的表示，自順光開業以來，這五六十年之中未曾欠過員工一天薪水，所有人都知道順光的員工福利極好，而父親知道，薪水是員工照顧家庭的錙重，經營的責任不該由員工來扛，員工只需要將自己的工作做好，其餘的就交給經營公司的人來承擔。

我的家族史是一個傳奇的故事，從我的曾祖父林蓄先生開始，最初立身在台南鄉間封閉的社會裡，農村的保守環境有著對傳統信仰的堅定不移，當時曾祖父歷經家中子女接二連三的猝逝，到處求神問卜，該求的神明都迎接到家中奉祀，卻依然不見起色。在因緣際會之下接觸到了台南看西街教會的馬雅各長老，引領進入主愛的殿堂，從此家中開始平靜，這份奇蹟讓曾祖父對主的慈愛深信不疑。可是左鄰右舍卻對於外來的基督教十分反感，認為林家人褻瀆了他們心中崇高至上的天上神明，進而被村民要求搬離村裡，以免神明怪罪下來殃及街坊鄰居。在諸多威脅之下，曾祖父透過台南佳里教會與高雄楠梓教會吳天錫長老的協助，舉家遷移至高雄仁武鄉竹仔門，長老們將仁武鄉竹後村的土地租給了曾祖父進行耕作，林氏一家人才得以活了下來。隨著後來經濟狀況逐漸好轉，仁武鄉竹後村竹門巷一號也就成為林家發展奠基的起家厝，也就是俗稱的竹仔門，我們也被當地人稱為竹仔門林家。

竹仔門林家當時最有名的是高超的農業創新耕作技術，包含我的祖父林登卯先生在內，因有靈活的頭腦，更善於經營自己的農產事業，短短的時間內林家就在當地拚出了一片天，農忙間產出好作物賣好價錢，增加耕作面積（自己買兩公頃，含租地總耕作面積多達近二十公頃），聘請長工幫忙耕作；農閒時買小耕牛眷養，長大時就能成為犁田的即戰力。我想父親的這些聰明與經商的天賦，雖有部分來自遺傳，但從小耳濡目染的生活，才是立下往後成為一位有信譽的商人的礎石。祖父會帶著祖母及子女們，在每個星期日到楠梓基督長老教會做完上下午的禮拜後才回家，這個行程是不能變更的，因為主救了我們，給了林氏一家全新的人生，他終身無私奉獻回饋給教會，最後也擔任仁武教會的長

竹仔門林氏家族合影

老。

我的父親林耕嶺先生出生於昭和三年（民國十七年），在昭和十一年時進入了現在的楠梓國小就讀，到昭和十七年（民國三十一年）畢業時，正是第二次世界大戰太平洋戰爭最激烈的時候，小學畢業的他沒有機會再度升學，只能在家耕牛與從事農事工作。而家中因為戰爭的關係，多以番薯為食，也是那個年代大多數家庭的寫照。後因熱愛創新研究，與六伯林耕斜先生從農機運轉的原理中發明了三六〇度吸頂電風吊扇，奠下了順光排風扇的設計基礎。

而在家族歷史中，不得不提到的是我的三伯父林和引先生，他是極度罕見早年能以台灣一般子弟留學日本早稻田大學的學生，在日本主修哲學，而在國民政府光復台灣之後，祖父林登卯先生當時擔任農會理事，我的二伯當任鄉里保正，家中的訪客很多，所以父親也回憶說常常拜訪客之賜，都有比平常好上很多的菜餚享用。在光復前由於三哥的特殊身分，導致日本官廳與警察也不時來家裡盤問走動，這都是我父親成長中的特殊記憶。

我的五伯林顯榮先生則是一個個性善良且體貼家人的人，國校畢業後遠赴日本東京高等工業學校的附屬機械高工部就讀，隨著大東亞戰爭爆發不得不返回台灣。由於五伯善於經營人際關係，雖戰事緊繃，絲毫不減緩他在經營商業上的腳步。一九四四年時，五伯父取得日本軍糧供應商的資格專營農業產品。一九四六年與五伯母締結連理，並在台北開設興台股份有限公司。值得驕傲的是，五伯更是早年少數能遠赴中國設立分公司的台灣人，主營農產品貿易經營，並由六伯林耕斜先生擔任業務經理，父親於一九四五年（民國三十四年）應六伯之邀，北上進入五伯的公司共同打拼。我的父親是一個十分會利用時間學習的人，他在北上期間考取了建國中學的夜間部，並利用閒暇進修會計與英文，也為往後的經商之路奠下了基礎。

我的母親王秀絹女士是高雄縣林園鄉人，高雄女中畢業，她喜歡排球運動及唱歌。我的外公是警官，因此對於女兒的另一

三妹淑玲，母親與我

半人選的要求是分外嚴格，母親憶起這一段往事，仍感到無限甜蜜。當時擔任警官的外公特別北上親自調查了一下父親，得到的結論竟然都是：「林耕嶺這個人，品性好，工作特別認真，看來是一個有擔當的人。」外公對於我的父親也頗為讚賞，因此准予交往，兩人隨即在半年內結婚。

母親覺得父親一生都有嚴格律己的生活，可能也源自於祖傳的家訓與來自教會信仰的約束力。父親打高爾夫球五十五年，十點就寢，六點起床，他喜歡乾淨，甚至在母親切水果給他吃的時候，還不忘投以溫柔感激的眼神，說聲謝

家母90歲生日暨公司尾牙宴會

謝。這一點在當時的大男人主義盛行，動不動就對結縭之妻咆嘯的年代來說，真的是難能可貴。他在那個年代教育員工以溝通來代替責罵，請外部企管講師來公司做內部訓練，並在公司自辦團膳。母親與父親結縭六十多年，兩個人相敬如賓，未曾有惡言相向的情況發生。

我的父親就是這樣一個表裡如一，對家人、對員工，都抱持著滿滿的愛與感激的人。

父親回憶起當時跟著三伯林和引（東元電機創辦人）先生在迪化街賣故鄉的黃豆給鄰居的往事，由於生意很好，因此也賺到了人生的第一桶金與創業資本。一九五一年（民國四十年）父親與六伯在由碾米機運轉的過程中找到靈感，發明了三百六十度風扇，就此開啟了國內電風扇的新頁面，也盡速的申請了專利。而後六伯更以此基礎擴大電機電器研究，成立了永信電機股份有限公司，而父親則擔任永信的業務經理一職。

有了這十年來的市場經驗，加上時機成熟，父親興起了自行創業的念頭。父親於民國四十五年創立順光行時才二十八歲，選擇在台北後火車站當時最繁榮的水電五金批發中心——鄭州路上開起了店面，專營買賣馬達與電風扇，當時少年當頭家的並沒有特別多。父親的生意頭腦十分靈活，我憶起小的時候常在家中聽見大人在談事情，父親都謙虛的請益經商之

順光五十週年大合影

道。而六伯在機電上的傑出發明成就，更獲得了當時的行政院長陳誠的褒獎。

順光最初是以新台幣五千元的資本額成立的，當時許多的招標資格只需要有一張營業執照，不須資金擔保就可以用這張執照參加各機關標案，標到比資本額大上百倍的標案。就此而看，父親對於這張營業執照看得比店面大小還重要，也凸顯了父親在生意上的長遠眼光何等犀利。

也就是因為父親有這樣的長遠規劃，順光也幸運而順利的標到許多件的機關標案，招標方非常欣賞父親的做事態度與嚴格的品質管理，因此順光在生意上一帆風順。但是當年，我仍不知道未來自己是否會隨著父親踏上經商之路，而父親這一生恪守林氏家訓，也以此嚴格要求他的子女身體力行。

不背真理；
不離真道；
堅守十誡；
榮神益人。

林氏的家訓對我們整個林家的子孫起了一種聚合的作用，雖然每一位伯伯姑姑的家族成員都各自事業有成，但是逢年過節仍會想辦法的聚在一起，兄弟姊妹間也會互相關心探望。綜觀我們林氏一門，人丁興旺，卻少見有兄弟不和的情況發生。父親這樣的身教方式，讓我們恪守對長輩的敬愛禮節，對同輩的相互扶持，對晚輩的不忘提攜，為的是在危難之中能夠謹守主的教誨，找到至親之人度過風雨，為的是在徬徨孤獨之時能有親情相伴，在我往後的日子裡，才發現這些團結的情誼能帶來成長上巨大的力量與支持。

父親一生思緒靈活，善於結合商界人脈，而同時熱心參與投資項目的經營，總計在父親一生之中所擔任過的要職有：

＊東大育樂（股）公司董事長

＊東元電機（股）公司董事、常監；大信強化塑膠（股）公司董事

＊台灣高爾夫俱樂部理事、副董事長、台灣高爾夫俱樂部董事

＊大屯高爾夫公司董事

＊台北市基督教青年會理事長

＊樂山療養院董事

＊台灣區農業機械業同業公會理事長

＊台灣區電工器材同業公會理事、常監

＊台北西門扶輪社社長、區總監督特助

＊台北聯青社社長

＊台北工商經營研究社社長

在我的成長過程之中父子間有段對話令我印象深刻：「五十年前，YMCA聯青社台北分社到日本大阪姊妹社訪問，當時友好的社員告知應該要注意高速公路旁的土地資訊，在往後的都市發展裡，這樣的土地資產將會有極度驚人的投資效益。」當時家父將這段話牢牢放在心裡，後來父親在社子葫蘆島設廠（現在的重慶北路交流道附近），土城中央路設置總廠（現今的土城交流道附近），以及當時林口長庚南亞工業園區路口的土地投資（現今的林口龜山交流道附近），都獲得了極大的成功，這也是當時林家聚集財富的一大助力。（詳見《台灣風機舵手》一書）

身教是最好的教育方式，父親在他一連串的事業發展中，幾乎隨時都會將我們帶在身邊學習，例如他在成立東大高爾夫育樂公司時，也大力邀集了我的三伯母，人稱東元阿嬤、摩斯阿祖的林明穪女士及當時東元的股東參與，而同樣的一股凝聚力量也移轉到後來的楊梅高爾夫球場開發案，我想並非只單純的因為他喜歡打高爾夫球，而是在其中他嗅到絕大的商機：第一、是新興經濟產業（包含大型的傳產與科技業）在擴展人脈或晉升上流社會的需求，而消費能力對於這一個族群的人是不構成問題的，當時僧多粥少的情況下，許多人都想要取得一張球證。第二、因為經濟快速發展所帶來的土地需求，包含廠房與住宅需求，當時的順光因為收益頗豐，且人脈亨通，父親自然獲得了很多的土地情報，

父親於楊梅高球場揮桿英姿

在許多地方進行獵地，除了本業經營以外，他更想透過資產的投資來在多年後取得數倍甚或數十倍的效益，若能在土地上籌畫更多高投報的投資，則土地不會閒置，而當初便宜的地段也會因為開發變更後迅速增值。

有關於高爾夫球場的開發一案，當時我們在新竹湖口的部分有取得雜項執照開發了三個洞的球道工程，建設涵蓋防災工程與土方工程。民國八十六年，新竹楊梅一帶的球場太過飽和，那時候雜誌還曾經將新竹冠上高球王國的美譽。在我們的基地附近，就總共就有四個球場，包含與我們開發中土地對望的揚昇球場，以及土地相連的第一球場。

球場的開發太競爭了，確實當年在土地的投資上沒有建立很完整的評估工作，參與的股東們評估球場經營需要花費高昂的管銷與維護成本，在球場的收入上也可能因為競爭的關係而大幅削弱原本期望的獲利。雖然當時父親仍想搏鬥，終究在董事會決議下，不得不暫停目前所有土地的施工工程。父親說道，球場沒有開發起來是開發方的責任，不能委屈相信我們的好朋友們，當時我們有招收兩百個高爾夫俱樂部會員的預收款，那是一筆可觀的數字，但父親堅持將全數款項都退給他們，並向會員致歉。

接下來，投資的股東觀望轉向於以後如何招商來賣土地換取當初投資的效益，沒想到那片土地一放就閒置了三十年。當時我從美國回來才三十五歲，做了七八年的球場的開發的事情，也才四十出頭左右，父親認為我還年輕，還可以做許多的事情，不能夠因為這個這個球場的開發而停頓了我的進展。**父親非常重視子女在年輕時學習在事業經營的經驗，也因為如此，再度要求我投入另一個事業上繼續磨練。**

我想我確實在某一部份上與我的父親有著相同的見解，但年輕時的我缺乏的是商場與危機處理的歷練。腦筋轉得越快的人，越不安於室，而父親早就洞燭先機，先不安排我接手順光，而是將我丟到一個陌生的地方讓我自己存活下來，就算失敗了，那都會是我未來發展事業的養分。只是後來的社會發展太快，科技的一日千里，以往注重次序的環境變得越來越不守道德，唯利是圖，或許當時的企業家仍停留在傳統薄利多銷的思維之中，父子間也會有對於經營模式上的衝突，思想與意見上的相左。二弟在與父親因為同掌順光的緣故（後有離開順光五年，發展產學合作教育事業，後又回鍋順光），於廣東高村事件的檢討中，兩人對於某些決策點上的拿捏頗有爭吵，但後來二弟都還是尊重父親的指示處理。在這點上我比二弟有著更寬闊的空間，在美國成立的銷售公司是我一手掌控，在開設加油站事業成立的宏展興業有限公司，雖是順光開發投資，卻也是獨立經營的企業體，只須向總公司報告盈虧。若今天我與二弟易地而處，說不定我也會有與父親更多的衝突產生，並非是不遵孝道的緣故，而是父親完全掌握我們兩個的個性上所做的安排。

關於順光蓋加油站的這塊土地，是在民國五十九年為了順光蓋廠最早購買的地，而做加油站的這一區塊就是後來我們承租給和運租車的位置，地點絕佳，剛好是三條大馬路的交會口的位置，本來那一塊地的門牌是土城中央路三段八十一號，以前只有中央路這一條，後來我們有捐三百坪的土地給政府做馬路設置，變成後來的金城路，之後又有中華路的出現，轉身變成三線匯集的黃金寶地，我不禁在對於獵地精準這方面讚嘆父親的獨到眼光。後來我們工廠的入口轉到忠義路上。忠義路是在現在興建中的順光天下廠辦的預定地。在以前沒有金城路只有中央路的時代，那時的順光不僅有風機生產，又將產品線擴大到農業機械，因為儲放農機需要比較寬廣的場地，所以在進出方便的考量下，將大門改在忠義路。

三花加油站施董事長青睞現在和運租車承租的那塊土地，主動說要跟我們來配合成立加油站，父親與我評估若自己來做，只要向銀行貸款大概兩千萬元，中油也能做全程的加盟輔導。加油站當時的產品很簡單，就是九二無鉛汽油、九五無鉛汽油、九八無鉛汽油跟柴油等幾種產品，所以我們就決定婉拒三花的好意邀約，自己開設中油加盟站。

既然決定了就要進行開展，二弟當時介紹一個有規畫過加油站的建築師操盤規劃，加上聽從會計師的建議，另外成立一家公司獨立經營，用委託經營的方式讓加油站與順光本體的體系分開。一切都是經營上的考量做營運上的切割。而因為我的名字最後一個字是宏，所以民國九十一年在會計師建議之下成立了一家宏展興業有限公司。當時我也是不知道可以用這樣類似委託經營的方式來降低整個公司經營的成本結構，由順光出資整地設備，挖油槽等，投資兩千萬的資金進駐，而宏展興業向順光承租加油站經營，順光付給宏展顧問經營的代操管銷費用，營業管銷與收入的帳面仍然可以變成順光的帳面獲利，這樣的代操方式後來被廣為在各加盟產業中使用。

父親用順光投資以我為代表的宏展興業，著眼點是宏展只要專注在經營面的獲利，貸款風險由順光承擔。看似完美無瑕的作戰計畫如預期地展開，招兵買馬，員工訓練，一個屬於順光轉投資的新事業體於焉展開，順光加油站在設立的時候是沒有台塑石油的，但是大約一年的時間，台塑就宣布正式進軍加油站市場。當時我們考量加盟中油體系，包含招牌、工讀生制服、泵島設計都參考中油規範，外面的人是分不這是直營或是加盟的加油站。雖說如此，直營站在各方面的設備，包括廁所、商店、設備等都比加盟店強上許多，因為直營站的資源直接來自中油母公司供應。

而加盟中油的順光加油站則因為要掛上中油的的識別招牌，所以當初在加油站設計的時候也要給中油參與才能順利通過審查拿到使用執照。我們加油站的面積在當時是算大的，大約有三百坪。原本設立三個泵島，事實上只用兩個泵島四個車道就已經足夠營運，當時我不懂加油站經營的眉角，原籌備張站長與西歐士林站的吳前站長也跟中油很熟，可以直接洽談更好的退佣條件，要求中油給甲式招牌與制服的資源，盡量將順光的表裡打造如中油直營站一樣。

在順光加油站經營的十年中，在經營管理面上並沒有出現什麼問題，主要的問題來自於外部的競爭來的太大太快，連帶導致加油站的後期利潤都不是非常好。其實我們剛開始的前一兩年中，每一個月的淨利均能到達四十到五十萬的水平，經過一年多的時間，地區性的競爭對手就慢慢增加，連隔壁都開了新的加油站，在新的對手進來瓜分市場之後，導致我們的淨利慢慢減少，甚至有時候還出現虧損，經營團隊都還要想盡各不同方法來促銷，也包含了增加洗車服務攬客。第五年是我們真正浮現虧損的時間，父親看到經營如此困難，告訴我要想辦法突破，同時也會協助我改變策略。

父親終究是一位頭腦比較靈活的沙場老將，他發現若以九二、九五、九八、柴油四種油品論之，九五跟柴油是銷售的主力，原因是土城工業區貨車多，九二無鉛大多都是機車族在消費，但是九八無鉛汽油卻始終乏人問津。於是他要我向中油反映改變油槽配置，將滯銷的九八無鉛退掉，改裝九五無鉛汽油，我請吳站長向中油協調，中油也大器的將九八無鉛汽油換成九五無鉛。父親分析了當時經營的癥結點，他認為高價的汽油庫存周轉慢而且不賺錢，而油品是現貨買賣，油價浮動對我們半個月結一次油款的加盟站來說，都是很大的壓力，而且中油採固定油槽限量進貨，不能在低價的時候讓你大量囤貨。

當時我們特地做了一個大招牌，派工讀生在路邊好像檳榔西施在招手，上面寫著「今晚即將漲價，趕快來加油」。但都只靠這個漲價的方式也救不了持續虧損的狀況，許多的大型支出，包含所有的招牌都要自己出錢，而唯一的解套方式，就是要讓多數的加油站用數量優勢跟他談判。但市場上大多為單點或兩三家的規模經營，在我們沒法突破的狀況下，市場上突然跑了一匹黑馬出來，那就是現在全國加油站的前身，以全國多數加油站整合優勢直接跟中油談判的秦嘉鴻董事長，他本身是數一數二的汽車潤滑油代理商，懂得合縱連橫，也對加油站經營很有一套。就順光加油站無法翻轉的其中一個因素來看，是父親一輩的老企業家的經營心態比較保守，凡是跟本業不相關的，都不太願意去加碼投資或聯合經營。像堂姊夫東元電機的黃茂雄會長已經是很不容易的傳統企業家，他開拓東元馬達事業，轉身開創摩斯漢堡的投資模式、投資高鐵項目，已經是在保守行業中的先驅了。

後來與父親商議將加油站撤銷，這時又出現了一個新的轉機，適逢一個新興的消費行業品牌和運租車來洽談租地，藉由不能移除的棧島搭建辦公室經營IRENT，用加油站閒置土地做停車，我想這也是轉型資產活化的一個好方式。

父親九十歲大壽合影

父親教了我一身商業經營的分析思考思維，教了我勇於開創投資的企圖心，我感念他的恩澤，若非有這十餘年的轉折磨練，他願意挹注在我身上造就我一身功夫的投資心血，今日的我無法有堅毅的決心扛下大任，或許當年父親已經窺見有今日的局面，持續鞭策身為林家長子的我，責無旁貸。

第五章

我的二弟

二弟的猝逝，在我的人生中投下了一顆巨大的震撼彈。不僅代表著我與弟弟妹妹從小一起長大的手足之誼就此緣盡，他的英年早逝，也為父親早年布局下的接班計劃掀起了變局。時當順光風機在江蘇無錫的經營上出現經營班底出走，原有客戶被嚴重挖角，不僅資金調度受到衝擊，而且大陸工廠裡的技術人員紛紛琵琶別抱，可以說是面臨順光成立以來，前所未有內外夾攻的絕大困境。

全家福（左起我，父親，三妹，母親與二弟）

我的二弟林志中，從小天資聰穎，對於機械工程方面的研究情有獨鍾，相對於弟弟，生性跳脫的我雖然也是一路考取建中名校，不甘羈絆的我最後卻選擇了觀光經營的科系就讀。家父看到了這一點，長年陪伴他身邊出入工商經營場合的我，對於做生意這件事早已司空見慣，他卻認為我絕不會安心居於工廠內做一個乖乖聽話的孩子，心中打定讓我從事新事業的開展工作，而將自己一手打造的風機王國讓二弟接手。對於父親這個決定，在當年的我看起來是一個正確的接班決策，但父親沒有顧慮到二弟的個性屬於比較固執己見，他長年投入在研發的工作之上，較為缺乏對於企業經營與在大陸亦狼亦虎的詭譎市場上的應變能力。子女接班是當時全球企業必然的傳承模式，而父親身為四〇、五〇年代一個白手起家的企業主，傳統的思維限制了對於商業倫理轉變的狼性分析。而二弟天性率直，面對在當地公司老臣的出走背叛的巨大煎熬，身負順光不能輸、不能退的龐大壓力下，最後心力交瘁，在異地身逝。

我想二弟的過世，沒有人比我的父親更加的痛惜。二弟畢業之後進入了順光公司與台北商業科技大學任教，後來投身教育研究產學合作，成為現在互動式教學系統的先趨。原本就想朝科研發展的他，面臨父親年事漸高，家族中浮現需要接班人的現實局面，天性孝順秉直的他也能夠非常理解父親的安排，雖然選擇回鍋接班順光，就需要放棄自己好不容易經營起來的教學事業，在與父親深切懇談多次之後，毅然回到了順光企業扛下了接班人的重責。一九九二年時，志中回到了順光擔任副總經理職務，而當時我受到父親指示準備回國接手楊梅高爾夫球場開發整合的新事業體，對於順光的本業我並未與二弟有太多的意見交流，畢竟當時還是父親在坐鎮順光。往後在二弟步上接班的日子裡，時有聽見二人在經營與擴張上的分歧意見，但我還是多方勸告二弟要多學習，畢竟一個龐大企業的轉變需要顧慮全面性的現實因素，我當時並不了解他的內心深處，對於兄長這樣的建議能否接納。

對於兄弟之間，作為兄長的我雖然偶而會回歸順光企業內部，卻也只擔任一個在業務部門內類似董事長特助的獨立角色，我努力的牽合在業務合作上的可能，試圖替公司在事業擴張上作突圍的工作。當時順光面臨一個危機，就是市場上的競爭者看見順光獨占風機市場多年，想要分食這塊大餅，又適逢科技業擴大建廠的浪潮，龐大的商機引進擁有雄厚資金的製造商紛紛搶進。順光當時還是在台灣獨立生產的風機廠，而來自對岸製造的低成本風機已經開始侵蝕順光的本業，我的父親早已布局企業的多元發展，愛好高球運動的他也曾擔任過淡水台灣高爾夫俱樂部的副董事長，父親當時決定將大筆的資金貸款投入楊梅湖口交界的七十五甲土地上做整合開發的動作，在今日看來也是一個頗具前瞻性的決定。但由於當地已經有四家高爾夫球場，操盤者均為資金面與操作面雄厚無比的梟雄級人物，讓當時家父投資的項目在整合整併上出現了重大的延宕，也讓當時原本穩健的財務桿差點失去了平衡。轉投資的經營危機，加上時下需要資金擴張研發的順光本業來說，身為接班人的二弟開始在經營上出現了與父親相左的激烈反彈。看在操盤高爾夫育樂區塊的我的眼中，面對這樣的困境，也只能心疼二弟的堅忍付出。

二弟平時就殊於管理自己的健康，也沒有規律的飲食與運動，天生的個性加上對經營上的無力感，加深了對他自己心頭情緒的糾結。在後來至大陸廠接手之後，為了生意上的運轉而忙於應付多如牛毛的應酬，使得他的健康每況愈下，而他卻挺起腰桿咬牙苦撐，突來的心肌梗塞，讓他就此撒手人寰。我想這份骨氣是遺傳自父親堅毅的個性，永遠不認輸的風骨。二弟的猝逝使父親頓時老了許多，他在回想這樣的接班決策是否正確，雖然始終沒從他的口中說出否定的字眼，但我想他的心裡始終充滿了對這個孝順兒子的不捨，二弟死在戰場上，也可以說犧牲在開疆闢土的前線上，二弟這一生剛正不阿，他的過世也引起了周邊同業與喜愛他的台灣電機電子同業公會長輩們的極度不捨，說到這裡，我的情緒再次翻騰，哽咽無法執筆。

二弟的一生短暫卻耀眼，如果時光能倒流，我希望在他的身旁給他多一點支持，多一點獻策，也不至讓他有孤掌難鳴的孤獨之感，來世，希望志中仍願與我再續手足之誼，願他在天上能受到主的照護，平安喜樂。

我的二弟（左）

第六章

臨危受命，看不見的危機

父親交給我的三張牌中，有一張是攸關於上百員工生計的事情。那是造就我們家族有今日榮景的順光風機事業，順光的成功讓我與弟弟妹妹能夠過著衣食不缺的優渥生活，而順光人對公司的堅強向心力也確實讓順光輝煌了數十個年頭。

做為一個製造業的舵手，除了要能夠洞燭未來廣大應用的消費市場，也要能對於自己製造產品研發的深度有所投入，而我的個性活潑外跳，像順光這種傳統的製造業的

順光同仁合影

接班人，更適合個性比我沉穩與專注於技術方面的二弟。然而二弟是一個不折不扣的技術者，精於研發，卻對於商場上的攻訐與陷阱的情緒反應耿耿於懷，在經營上採取

我與二弟志中幼時合影

相敬如賓的父母親

比較保守的作法，因此在順光大陸經營的挫折衝擊下，不幸溘然早逝。他的過世，對我們全家人來說當然是悲痛萬分，最傷心的莫過於我的父母親，尤其一向如鋼鐵人的父親，竟也承受不住白髮人送黑髮人這樣的噩耗，我第一次見到父親臉上萌生退意的表情，那是一種無奈的悲哀。雖然我知道以當時二弟的健康狀況，自己遲早有一天必須要接下這個棒子，我當時也確實窺見許多順光在跨海管理以及在傳統企業經營方式的不足之處，但當時的我也如二弟一樣，沒有父親一般數十載豐富的商場閱歷，與強如頑石的抗壓心臟，一切也只能持續順延過去的公司治理模式。

我當時在想，當如果有一天必須接下這張牌時所要面對的幾個問題：第一是順光未來的經營模式，第二是大陸無錫廠的去留，第三則是如何運用資產整合活絡財源。

傳統企業要能改變，必須有所借鏡，在家族中有許多值得驕傲的典範，其中廣為人知的東元阿嬤以及黃茂雄會長，即是我的三伯母與堂姊夫。

當時我的三伯母與堂姊夫所打造的東元電機王國已經是一個台灣響噹噹的上市公司，姊夫多元而靈活的商業思維與經營手法，確實能為我當作翻轉經營上的借鏡，但是這是一個需要大筆資金與資源才能做的轉型工作，而我必須先想辦法讓這股活泉源源不絕。

傲視工商界的東元巨人

說到馬達與家電產業，東元始終是國產品牌的驕傲（註：東元電機股份有限公司（英語品牌名稱：ＴＥＣＯ）是台灣的家電及重電製造商，總部位於台北市南港區，創辦人是林長城、林和引、偕林波士、錢水木及孫炳輝等五人，現任董事長為邱純枝。）東元第四任董事長黃茂雄先生是我的姊夫（堂姊林和惠的先生），擔任後來的中華民國工商協進會理事長，後被尊聘為東元電機榮譽會長。

黃茂雄先生，同時也是我三伯父的得意女婿。

我的三伯林和引，是竹仔門林家家族裡第一位到日本留學的大學生，三伯天資聰穎且勤奮向學，於台南長榮中學畢業後，旋即以優異的成績考上日本早稻田大學，在美術、音樂與運動上均有亮眼的成績，當選當年早稻田大學十大傑出運動員，並為當時的台灣一千五百公尺紀錄保持人。

三伯與三伯母極為關心自己弟弟的未來發展，而父親的北上經商，是由於三伯與三伯母不願看見父親埋沒在農村裡，於是引薦父親先至東元任職擔任馬達銷售員，並接待住在三伯北投家中，也因此，三伯一家是我父親改善生活而後開創事業的恩人，自然，我們也與和惠一家，也就是黃茂雄姊夫特別的熟識。三伯在五十三歲時就蒙主寵召，東元由三伯母林明穡女士（人稱東元阿嬤）、哥哥偕林波士與黃茂雄姊夫挑起大樑。

高瞻遠矚，首開資產活用先例以地籌資，奠定東元基石

現代的年輕人多只看見企業的集團有多大，規模有多大，卻忘了一個企業的壯大，也都要歷經開創初期的篳路藍縷。一枝草，一點露，遇山開山，掘地取水。而東元以光元行為前身成立，取「以主引領，迎向光源」之意，當時開辦之初資金籌措困難，而要能營運生產則需要機器設備等投入，面對這個窘境，三伯母主動提議由她向其祖母偕烏妹女士商請賣掉名下的土地籌措資金（資產活用的商業先例），偕烏妹女士是一位有前瞻性的偉大基督徒，也是馬偕牧師（馬偕醫院創辦人）最早的兩名女弟子之

一，偕烏妹女士將祖產這塊地交予三伯母的哥哥偕林波士賣掉注資東元起家，也因為偕烏妹女士堅持孫女也有一份股權，使得三伯母在東元也成為了股東，在當時傳子不傳女的時代中確實是一個了不起的創舉，這筆資金穩定了東元設立時的基礎。

也由於兩家的交流上十分熱絡，東元電機的崛起成就有目共睹，而我父親在許多事業的投資上也邀請姐夫黃茂雄董事長的東元一同參與，包含了南港軟體科學園區開發，以及後來的楊梅高爾夫開發案，都有東元董事擔任創始股東的身影。

一九九〇年時，東元轉投資安心食品事業體系，代理了日本的摩斯漢堡品牌在台經營，為集團事業斜槓的一個挑戰，摩斯漢堡以米漢堡為出發點。[2]二〇一〇年二月在福建省廈門市開設店號1店「思明南路旗艦店」。姐夫黃茂雄先生的經營眼光獨到，思慮廣泛而深遠，勇敢而堅毅，確實是我所十分欣賞的一位企業家。而當時順光公司正在突圍與轉型的階段，我並不能說事業發展規模的大小與成功的定義有關，而是在與時俱進的年代，人才要打團體戰，資源需要打團體戰，資金更需要打團體戰，而集團在資訊取得與決策的速度，更是決勝的重要關鍵之一。過去的生意人苦打苦幹，注重商業上的信用，業界晚輩或是在老東家服務的新銳老闆會來請益，而長輩們也非常的高興與後輩們合作一起將規模做大而各司其職，這樣的想法在父親創業的這一代確實如此。但在價值觀丕變的今日，功利凌

2 台灣的摩斯漢堡由東元集團旗下的安心食品服務公司經營，由東元集團（約佔七成三股份）與摩斯漢堡合資，於一九九〇年十一月創立。日本摩斯漢堡母公司另在台灣成立子公司魔術食品，做為台灣摩斯漢堡的主要食材供應商（如：帕㨪、醬料、附餐）。

駕於道義之上，但是我仍相信，凝聚好的助力與友誼，才能在事業的轉折上充滿新生的契機。

三大事件，挑戰順光海外經營模板

二〇〇〇年廣東高村事件爆發以來，我們頭一次感到這個世界的價值觀變得如此扭曲，人人都以巧奪名利為榮，低廉粗劣的電機產品充斥市場，收取回扣在每個行業內好像成為一種同溫的風氣。

這世界變了，而順光沒有變，在我父親的經營理念下順光也不能變。因為他認為誠信是我們對主的信仰應該要負的一份責任，也是在商場上能夠受人敬重的最大本錢。所以我們慘遭信任的投資對象背叛，吃了滑鐵盧，這是一個優良企業所應該付出的代價。我們受到了苦心栽培的員工琵琶別抱，帶走了公司所有能夠獲利的機密，而這個代價太大，不僅失去了我們摯愛的二弟，在大陸辛苦經營多年的基礎也岌岌可危，而順光汲汲營營想要將好產品提供給大陸台廠的堅守信念也無法兌現。我常常在反覆思考，順光並不是不能接受競爭，就連今天在台灣的風機市場，也出現了比順光更具規模的風機品牌廠。而順光在這些年的經營上到底出現了什麼樣的問題，讓一家數十年的績優廠在經營上變成如此劣勢？

東元與蛻變前的順光，猶如時代長河兩端的經營模板，我們在這些戰役中看見了人性的現實，也反覆思考家族事業在經營應變與管理上，缺乏那些與時俱進的提升。

A.員工是企業的財富，勇於共享獲利，才能培養企業先鋒

在父親這一代的經營者總是講求積極培養班底，期望這些辛苦培養出

來的子弟兵，往後變成順光開疆闢土上的左膀右臂。不論是公司的員工或是來尋求合作的經銷商，只要跟過父親的人都知道，父親是一個充分尊重員工意見的好頭家、好老闆，也是一個不藏私的好長輩。而面對應該改善的流程或品質上的缺失，他都會要求立即檢討更正。記得有一位經銷商曾在商談之中針對浴室換氣機提出了降低成本以利銷售的建議，但父親不願用次級品零件來保有銷售毛利，反而認為順光的品質堅持，正是一路走來能讓市場客戶支持的獨門訣竅。這個堅持，讓順光歷經了戰後時期的美軍宿舍工程、金門彈藥庫的通風工程，以及後來的蔣經國總統主導的十大建設中都大量採用順光的通風產品，在竹科、內科等科學園區

順光員工於金門塔山電廠進行維修

興起時，順光的廠房通風系統更是一線大廠指定採用的產品。

而在國外的專業經理人制度，是順光想要走的一條路，這個專業經理人制度的建立與管理，則需要很深厚的企業內蘊與操縱能力。

我想，太過於相信人，相信人性本善，應該是這一連串危機的起點。

尤其在異地，順光很少直接委任本廠以外的專業經理人來操盤，因此對於專業經理人的選擇與用法不是太熟悉，也因此操盤者多為從順光培養多年的部下，而順光當年投資大陸廠，就決議在當地賺的錢要繼續挹注在大陸廠的發展，在地接單，在地生產，在這樣的一個方針之下，操盤者一定是報喜不報憂，更何況真正的大老闆鮮少去視察，公司在當地就放任台幹與陸幹自主經營。

B.沒有親自帶兵衝鋒，缺乏完善的稽核與財務調度

另外一方面在順光投資大陸經營的初期，單單靠一個人或兩個人單打獨鬥是格外的辛苦，不僅要離鄉背井，有家庭的人無法回家，一個人需要負責建廠工作、對外聯繫、跑客戶、管生產、搞好公共關係、友好台商感情，一連串絲毫馬虎不得的環節，由一個人打拼奠基，真的實屬不易，換成易地而處，我想大多數的員工會選擇離開，但是這位我們的幹部卻活了下來，並且真正的開始帶領順光在無錫打造大陸的根基。反觀隔海遙控的我們，保守的給薪，給獎金，但無法在公司裡領有相對的經營上的共享報酬，令人懷疑這樣的忠誠與績效能否經得起考驗，而時任的經理人無法在父親比較保守的經營風格下提起這種事，老式的管理方式卻也未能及時發覺員工除了工作以外的期待，稅務與財務出現不明的黑洞，卻束手無策。傳統的家族企業在於經理人的選擇與信任上與經營績效的共享方面，的確出了很大的問題。

三大事件，顯出對台灣以外的投資管理脫節

A.廣東的高村事件

一九九六年，當時台商投資仍然受到中國政府方的熱烈歡迎，大幅開出各項優惠補助，希望台商將技術、人力、資金全面落地，而順光為了擴展國際通路，接受了一個來自廣東的香港籍人士來談代理銷售順光產品的提議，應該是說他希望採取一個合股注資的方式來一起經營，香港當時已回歸中國，所以台陸合資的部分在中國仍需一個有中國籍（港籍）身分的人士擔任負責人，其實這都與稅制的問題息息相關。

這是一個再也平凡不過的合作方式，經銷商負責在當地通路銷售，按照股權分潤，乍見之下實在看不出有什麼制度上的嚴重瑕疵：

問題一

當時我們並未對於這樣的合作方式有所質疑，因為順光需要在大陸方便落地的緣故，所以雖然我們擁有超過50％以上的股權，但經營方面卻交由對方全權處理。結論就是中了別人的套路：**因為我們始終以誠信為商業的經營核心，但是別人卻認為設套只是商業的一種手法**。

有一件事是很詭異的，有次去查帳的時候，帳上報表顯示的是這家公司都賺錢，但是這個合夥人操作的方式卻很奇怪，賺錢也增資，虧錢也增資，雖然當時我也曾經有存疑，但父親的為人就是「用人不疑，疑人不用」，對於對方所提出的理由也就認同，父親認為事業在發展初期資金的在地運用是重要的，而我在報表上實際見到的情形卻是：這個報表太美了，美的一切太過合情合理。

就這樣，在不斷巧立名目的增資之下，順光的股份全部都被稀釋，主控權也被對方奪走。

問題二

大陸專門在作假帳的部分有非常專業的人員，甚至內神通外鬼移交專門公司在處理。舉例來說，不存在與虛耗的庫存品就是一個假帳的無底洞。我們在廣東這家公司（後來移到中山）所見到的誇張情況，明明工廠才幾個人而已，庫存帳上卻已經有成千上萬的手套庫存。而且據我實際上在私下觀看員工的工作情況，發現整天都在聊天打混，完全沒有辛勤工作的狀況，就算被我發現了，工人也不當我是一回事。其次在差勤交際費用的支出方面也是浮報的相當嚴重，導致後來攤牌時，對方使出了金蟬脫殼之計，消失無蹤。

這是大陸與台灣合作常見的套路，順光在這一次的投資經驗上，沒有親自控盤，沒有稽核機制，沒有資金進退的機制，以致種下了失利的敗筆。

B.江蘇的無錫廠

一九九三年，我曾隨著青商會組團前往大陸的上海與江蘇沿海一帶考察，說起順光前進大陸設廠的工作，已經屬於台商赴陸的第二波了。而勢逢改革開放，原本的黨籍幹部紛紛下崗到各地打造鄉鎮企業，他們非常需要台灣方的投資與技術，還有經營工廠的經驗。憶起當時，一張台灣企業的高階名片就能讓他們請一頓大餐。而二〇〇〇年我們到無錫勘查設廠的時候，一個工人的工資才大約人民幣一千兩百至一千五百元左右。當時大陸的招商政策有一句口號，叫做兩頭在外，因為大陸缺乏有競爭力的東西做外銷，因此他需要市場在外，資金在外。市場在外就是台商投資設廠後將好的東西做外銷，打開全球通路，另外一個是引台資入股，大陸用無限的土地與低廉人力與投資方作配合，加上優惠與低稅政策，造成了二〇〇〇年前後的台商大舉西進潮。

無錫廠的設立，原本對於順光的大陸布局來說是百利而無一害，因為有了之前在高村的經驗，父親決定派遣公司內部的幹部前往處理設廠事宜，而當時我與二弟，一個在經營加油站事業，一個留在順光台灣本廠坐鎮。也由於當時年紀較輕，愛護子女的父親仍不太放心不熟悉順光風機市場的我前往異地擔任領導。就在這時，在台灣擔任採購工作的A副理向父親表示這是對於自己的一大挑戰與機會，他想爭取這個機會前往大陸開創一番新的天地。

就這樣A副理孤身一人前進異地，辛勤的工作，全心投入的付出，在當時沒有公務車的情況下，他甘願坐公車到處張羅設備，拜訪客戶，這份精神，不要說是身為董事長的父親，連我和弟弟都對這位A副理（後為無錫廠總經理）感激萬份。因為當時在沿海（江蘇、浙江）的台商大廠多如魚鱗，而順光所接的單子超過九成都是台廠，順光是廠房通風設備最知名的台灣品牌，主要是設計與生產工業用風機，工廠的通風與排煙都需要風機。而這對於不太相信大陸品質的台灣大陸廠來說，順光是唯一最好支持台商品牌的不二選擇。

當時在主要的沿江（長江）市場與沿海市場佈滿了新建廠的台商企業，光是電腦大廠ASUS在江蘇一帶就有九間廠。而有這些規模的台廠絕對不會去使用品質不佳的大陸製品，加上大陸為了要接軌國際製造的要求，對於工廠建設的規範越來越嚴。因此當時順光的立基點在於前期的建置與開發成本，只要撐過前面建廠的辛苦期，工業風機的裝設在未來的獲利前景是不可限量。

問題一　未提早儲備擴廠人力資源

在大陸人力吃緊下，公司原本擔任業務部門主管的B經理，也在二〇〇六年被派往大陸協助，但在職位上卻變成了A副理的下屬（時任無錫廠副總經理）。雖然我們都知道他心有不平，但兩人合作也算是頗有默契，替順光無錫廠打下不錯的規模基礎。

人力資源的養成是為了厚實產業擴張實力，但虛耗的人力資源卻對於遲遲未開展的企業來說則是割不去的一塊肉。在過度依賴的情況之下，有企圖心的經理人都會開始思考自己的出路，他們會認為沒有自己全心投入的努力，公司就不會擁有現在的這一切光景。

但隨著一年一年過去，台灣總公司有鑑於過去的經驗，對大陸廠視察得更為頻繁，但是有一個根深蒂固的想法讓我們吃足了苦頭，那就是大陸廠帳上實現的獲利始終沒有匯回台灣，而總公司卻不斷地持續加碼投資。獲利沒有匯回台灣雖然可以歸納於幾個原因：第一，是大陸對於企業外匯輸出的管制。第二，順光一開始的策略就是以長期經營內銷為主，而報表上的獲利與盈餘還是全數應該投入在擴產上。

父親始終認為，在當地需要錢運營的前提下可以接受獲利不回流，但奇特的事，雖然有獲利，我們每年卻還在不斷的投入大量的資金支援運作。思索許久，我觀察到優秀專業經理人的機制根本沒存在當時的順光公司中，順光還是一家以傳統方式經營的人設企業。這也是後來我在處理事情上的一個思維的轉變。「我們絕對要認同A總經理立下的汗馬功勞，也要認同他的獨特才華，他的一切被當地人所重用，大舉挹注資金，甚至有將順光取而代之的勢頭。一個固定薪資且單調生活的駐外幹部獨攬公司大權，當時的無錫廠領導班子有兩個台幹，另外一位是應聘江蘇的春防空調廠的技術長來擔任廠長，只能說，人都會往更好的機會走，一但有外部更好的挖角機會，說不動心是騙人的，又加上接到我二弟要去接管的消息，我想可能這些領導班子始終認為在順光都在為人打天下，為我們這些二代三代拚得金山銀山，但他並不知道他在我父親心中的重要性。」

問題二　不擅斷尾，情勢加劇

若非這些年的歷練與學習資本財的處理，我在當年應該也會陷入同樣的困境。企業經營的學習是永無止境的，有時必須要遭遇到谷底的低迷，才能兌出對於永續經營的另一扇知識之門。

擁有機械工程深厚背景的二弟對於品質的要求是無比的嚴格，他對於製造出來的次級品流通在市面上這件事，絕對是當面嚴加斥責。而價格低廉的次級品正是大陸廠方最希望採購的東西，因為中間的油水好處相當豐腴。順光要求品質的嚴格與一致性，是自父親傳承下來的誠信本質，寧可自己本業獲利縮減，也不能容許自己欺騙消費者。A總可能認為他辛苦付出，為人作嫁的這一切，順光並沒有兌現當初給他的承諾。但我心裡始終在想，在台灣的企業經理人就不能勇於爭取自己權利的勇氣嗎？這些隔閡已經造成無錫廠的掏空殆盡，二弟要去接管的前一年，整個局面已經風雲變色。

這一切根本來說還是出在經營管理的問題，早年聽老台商說，進到大陸做生意要有『三本』：本人、本錢及本行。從頭到尾，我們並沒有一開始的親力親為，沒有做好的財務的控管，不到幾年，順光的製程、客戶、工廠的員工全數暴露在競爭對手的眼前，到二弟前往接手之時，已經是十年後的事情了。難以斷尾重生的原因在於成本在這十年之中漲幅驚人，若要重建可能要花上原來建置成本的五至十倍經費，再者，當時的大陸對於台商的優惠與友好程度已經不復往日，成本急遽上漲與工資福利優勢盡失之下，對於這些出走的昔子弟兵的琵琶別抱，我們只能在經營上再次吃下一次敗仗，而這一切所付出的代價太大，也太慘。

二弟原本就心性較急，後竟不幸於異地凋零。在二弟猝逝後的接班問題，經過這一連串的衝擊而心力交瘁的父親，再也無力將順光的無錫廠回天，後續接手的總經理公私不分作假帳，虧損帳面作盈餘，而向銀行的貸款與票據的保證人卻都是父親，父親於是要求這位總經理同名擔保，卻遭到對方拒絕，這是壓垮信任的最後一根稻草，她最後還將勞資問題搬上法院，煽動員工作亂，要求不斷加注薪資，不堪虧損之下我前往接手，但當時的順光無錫已經成為殘局。

C.低價仿冒，劣質競爭者順勢而起

順光當時的主要商品雖然在台灣市場仍然具有一定的影響力，但是企業若沒有求新求變，持續茁壯，就會被逐漸取代，而攸關企業未來實力的每一項研發都需要投入大量的資本開模、測試、生產、消化庫存。

問題一 順光的主要風機與排風扇產品一直努力以降低自己的利潤來抑制售價的上漲，隨著原物料、鐵材、電費與人力成本的水漲船高，無法突破的營收大大地抑制了研發的挹注，那時並未想到要與研發廠商合作打造新藍海，而是選擇每一種都靠自己的力量慢慢投資，慢慢銷售。

問題二 這樣的困境在大陸市場中，卻有可能半年之中就會出現產業優勢的大翻轉，不願意魚目混珠的我們扛不住成本壓力，馬上就面臨資金運轉上的危機。

順光的一切問題都在此浮上了檯面，也讓我在接班之前確實感到無力與困惑，所幸主的慈愛與平日人脈的經營，能夠讓自己看見谷底裡的曙光，在神的眷顧下，我遇見了一些貴人的幫助與指導，大膽改變經營策略，放下既有的保守與堅持。成功的前奏總是充滿變數與曲折，今日的志宏不敢自稱是多麼耀眼的企業家，但隨著經營策略的奏效，順光天下商辦大樓的啟航，讓原有的困境脫胎換骨，這一切的重建希望工程，卻來自於一段長達十餘年的思維扭轉的低調布局。

一席隆中策，吹起逆轉的號角

父親這一代的企業家，有錢就會購置土地，順光早期的成功，也為我們家族帶來了豐厚的資金活水，於是投資土地，購買便宜的重要地段，期待都市翻轉或政策受惠所帶來的數十倍利潤，就成為這些手上握有資金的大老闆們樂此不疲的投資手法。如香港的李嘉誠先生，人稱台灣地王的宏泰集團林堉璘先生等，都是箇中翹楚。

一般來說，企業家利用閒置土地活化資產的方法有多種，在父親的擘畫下，順光幾乎每一項都有涉及：

＊將閒置土地用於開發房地產項目，如住宅、商業或工業用地。

＊租賃或出租：將閒置土地出租或租賃給其他企業或個人使用。租賃給企業用於臨時設施、停車場等。

＊建設休閒或娛樂設施：將閒置土地用於建設休閒或娛樂設施，如公園、高爾夫球場、度假村等。這可以吸引遊客和客戶，創造旅遊收入。

＊興辦物流或倉儲設施：將閒置土地用於建設物流或倉儲設施，以滿足物流和倉儲需求。這可以為企業提供租金收入，並為區域內

的企業提供便利。

當年家族的獵地甚廣，除了順光本廠在土城的數千坪用地以外，另外在林口、新北市、湖口、楊梅、桃園等多處都有父親投資的蹤影。其實我們在土地的投資獲利頗為豐厚，當時最棘手的問題仍然是處在楊梅與湖口高球場的土地延宕，投資延宕會產生的負面效果不只會動搖投資人信心，而龐大的貸款利息也會讓原本活絡的資金變得捉襟見肘。

當時順光與家族面臨著幾個危機：

* 資產僵化，企業沒有財源活水
* 毛利衰退
* 國際市場推展受阻，沒有大量訂單湧入

* 沒有靈活的企業經理人活化組織管理

* 楊梅的土地還未轉負為正

* 土城仍有閒置的土地長期僵化

以上的現象沒有一樣是能夠瞬間解套的危機，而要能改變這些劣勢，我必須亦步亦趨，從改變觀念、改變心態、改變做法開始。說也幸運，一位以前在扶輪社的好友王先生，現在也是順光的首席經營顧問，他的人生職場閱歷豐富，見識卓越，曾在台泥集團以及數家大型企業中操盤轉投資部門，他的一席話令我茅塞頓開。

「一個根深蒂固的企業，要改變不是那麼容易，必須帶入新的經營方式，延續過往對員工的關愛氛圍，讓新作法，新策略，新方式在你的領導下看見效果，找出能挹注順光活水的新途徑，才能讓舊員工老有所依，新

進員工看見願景。」

多麼精闢的一番見解，彷彿我在烏雲中見到了皎潔的月光，跟我當時積極進行的資產金流活化與順光天下推動案的戰略不謀而合，我想，還沒有與產業其他環節整合之前，我與他的強強聯手，已經為了這場逆轉吹啟了反攻的號角。

第七章

走出桎梏，超前逆轉勝

財務活化，我有自己的想法

一個家族或企業的榮景，要建立在幾個要點之上，第一、要有資金，有了資金才能擴大事業投資，才能擴大土地整合，才能有活水挹注任何開創的轉投資事業。第二、土地絕不能放著一成不變，在低點買進，在被需求的時候待價而沽，進而汲取更大的市場鑑值。第三、財務活化有時要懂得斷尾求生，不能讓不良負債侵蝕既有資本。第四點、善於與強者做強強聯手，而非一味投資弱者，強強聯手會放出更大光芒，再度吸引有興趣的投資者上門

順光牌優良換氣風機

挹注資金。

從小我就是一個善於開拓的人，對事情不拘泥於單一選項，這樣的個性卻恰好在這個節骨眼上派上了用場。當然，平時我也善於請教在青商會或扶輪社中的成功企業家，向他們請益種種經營的訣竅。在企業的經營上，總有人保守，也有人衝鋒，但各有千秋，各擅勝場。我也常常參研如比爾蓋茲與孫正義都領讀的「孫子兵法商學院」，其中有幾樣對我確實起了莫大的幫助，如：

＊ 利而誘之（提供對方好處）

＊ 亂而取之（直搗對手痛處）

＊ 攻其無備，出其不意（洞察對方的強項與弱項）

＊ 凡用兵之法，日費千金，然後十萬之師舉矣。

在第二專長的領域活用你的第一專長，建立無可取代的地位。

＊不用嚮導者，不能得地利。

要認識各領域的專家，讓他們幫你做事。

＊善戰者，能為不可勝，不能使敵之必可勝。

別想「怎麼贏過對手」，要想「我怎麼才不會輸」，我們能完全掌控的只有自己。

＊卒未親而罰之，則不服，不服則難用。卒已親附而罰不行，則不可用。

管教下屬，剛開始不宜嚴格斥罵；彼此親近後，要注意不可縱容他。

善用知識而謀，善用人才而授權為之，一場逆轉的布局，結果令我大感意外。

順光天下的龐大商機

「綠意順光天下」，於二〇二一年九月十四日在土城舉辦動土典禮，經發局副局長林敬榜及土城區長陳國欽親臨典禮致詞。「綠意順光天下」將興建地上十一層、地下二層的廠辦大樓，總樓板面積約三千零五十坪，將興建約四十個廠房單元，預計二〇二四年下半年完工並取得使用執照，廠辦內預計將引入電子零組件、電機、通訊等產業進駐，估可帶動近五百七十個工作機會。地點面臨金城路十二米馬路，旁邊有土城交流道與六六快速道路，目前除了已有板南捷運線永寧站，另有萬大捷運環狀線LG12車站，出口在基地旁。綠意順光天下廠辦大樓，由名建築師沈國皓設

綠意順光天下動工大典

計，綠意開發投資興建，並獲得建築金象獎的肯定。順光天下的建築外觀採玻璃帷幕，大氣磅礡，地上十一樓及地下二樓。大樓一樓中庭大廳，挑高六米四，另有設計二輛貨櫃車可裝卸貨及二輛大貨車裝卸貨碼頭，二部大貨車電梯及三部客電梯，每層四戶空間各一百坪，可供製造車間或辦公室使用。

為何「綠意順光天下」被如此看好？

「順光天下」園區的所在地是原本順光所擁有約一千零六十五坪的土地，經綠意開發許董事長慧眼獨具多次誠意邀請，配合當時容積政策獎勵，將原本的樓層提高了三層，以廠辦式的建設方式提供多元性的科技與工業廠辦、商辦與研發中心等等的使用，整體投資效益上看百億。本案位於金城路上，交通便捷，只需五分鐘車程即可從土城交流道轉國道三號及台六五線；往南走可快速抵達土城工業區、頂埔科技園區等產值重鎮。順光天下可以讓順光公司取得全新廠辦，剩餘單元可租售提供其他廠商進駐，並透過捐贈公益空間回饋新北，一次達成順光公司、綠意開發、新北市政府及在地市民四贏的圓滿成果。

林口土地炙手可熱，貴人相挺

早期林口尚未全面開發的時候，父親慧眼獨具就將現今南亞工業區臨大馬路處的土地購買下來，這裡對面是林口的長庚醫院，有機場捷運直通雙北與桃園，應證了父親的日本友人對他說過，買土地要買在高速公路出入口附近的說法。這塊地後來大部分以不錯的價錢賣給了國內知名的食品廠味全公司，剩下的部分被一位我的好友收購作公司總部用，我覺得這一切的安排都來自上帝的恩賜，林口土地的售出讓家族在資金上獲得了不少的挹注。人說有所得必須有所捨，我在今年社長任內特別捐獻了一萬美金作為保羅哈里斯基金，能以一己所及之力幫助需要之人，才是財富的真正意義。

順光轉型，策略聯盟打造強強聯手

順光企業將在一一二年十月份盛大舉辦六十週年慶，並預計於該年年底舉行順光天下上樑大典。令人期待的是藉由順光天下園區的成立，順光企業將躍升為一個多角化經營的投資管理集團，未來順光集團在本業上，將由傳統的生產單位轉型為以研發與品牌革新為前導的風機技術領航先驅，布局上下游組成產業聯盟，逐步找回台灣風機在兩岸的獨特地位；另外在營運上，更有信心募集更多的資金參與投資深度，強化轉投資的操作管理。主要設定未來順光三大目標：

1. 導入智能結盟，全力注入研發經驗投資新一代風機市場
2. 優化資本與土地運用，開啟集團財源活水
3. 縱深品牌經營，培育與引進專業經理人協助公司轉型

順光企業從創立到現在，始終以員工為公司最重要的資產，因此也在未來將預計導入更多的員工提升訓練模式，儲備轉型戰力，科學化的管理模式也正是傳統產業未來的必經之路，全球熱烈呼籲的ESG企業減碳與世界環保責任，也在順光的一步步演進中日漸落實，再創另外一個可期待的美好未來。

第八章

人生修行的智慧所

青商會。扶輪社。建中校友會

青年學府、領袖搖籃

「青年學府、領袖搖籃」是青商會美譽國際的精神標語，國際青年商會的全名是JUNIOR CHAMBER INTERNATIONAL，簡稱青商會（JCI）。

我所參加的青商會組織是台北青商會。前行政院長蘇貞昌於民國六十二年加入台北青商，並於民國六十七年當選第二十二屆會長，加入台北青商至今已四十九年，蘇院長至今仍常常表示自己依舊秉持「一日青商、一世青商」的精神，並深受「青商信條」的啟發。台北青商是台灣第二個成立的青商會，據記載最早的青商會是從當時十分繁榮的基隆港籌備成立的，因為當時的基隆港是緊銜台日貿易樞紐的國際深水商港，經商人才與國際菁英薈萃。而青商會自一九五二年引進台灣發展到現在，已有七十二年的歷史，其中台北青商會更是孕育台灣各項經濟與政治奇蹟人才的大搖籃，包含蘇貞昌前行政院長，李紳一律師，高雄漢來大飯店侯西泉董事長等，都曾在台北青商會中擔任過要職。

青商會是提供年青人發揮潛能並持續激活動力的地方，同時建立會員間的友誼和創造許多在商業上結合的機會；對青商會員而言，除了年齡限制外，其他並無職業的限制，會員主要來自不同文化背景、社會和經濟階層，其中主要以商業人士為主。參加青商會能提供給我們許多的機會，如快樂的積極參與、學習、體驗、成長；投入社區服務，讓我們的社區變得更好；並透過青商各種形式的會議與活動的機會，走入地球村，旅遊到全國各地及世界各國，認識當地的風土民情；認識各行各業或是志同道合的朋友，相互吸取經驗提供事業上的建議與諮詢，甚至成為事業上合作的夥伴；藉由擔任各項青商職務或是活動總幹事，學習承擔責任，親身體驗決策的壓力與喜悅，把在青商透過多元的各項活動，讓會員學習領導的觀念與技巧，進而成為團體的領導者或成員，充分學習人際關係的概念和經驗，這對青年們的生活與學習提供廣而多元的幫助，建立良好的人際關係進而反映出個人領導特質，這是在青商會會員中透過活動的參與可以學到的諸多益處。

「青年學府、領袖搖籃」，青商會有著健全的組織架構，會員們依據組織章程擔任不同等級職務的歷練，體驗群體中各種不同角色的扮演，而獲致寶貴的經驗。相對的，青商會透過各項任務的分派訓練和經驗交互為用，使得青商發展出一套專屬而獨特的個人潛能發展程序。青商會是世界上最大的訓練機構，世界上有很多人已經使用青商會的訓練方式，來發展個人才能，甚至有些人因為這樣的札實訓練，在自己的國家或企業集團裡成為優秀的領導人才，在台灣政商界的翹楚菁英，多數也都經歷過青商會札實的焠鍊。

一九八八年時我從美國回來，透過推薦在隔年的二月就開始在台北青商會中見習，非會員要加入青商會成為正式會員必須有三個條件，第一，有兩個現任會員的推薦；第二，執行為期兩個月的見習，第三，參加兩次的月例會，滿足以上三個條件後，才能夠加入青商會。

父親西門扶輪社中很多的社友，他們都是台北青商的OB。他們的看法是我要參加扶輪社可能太早，三十五歲的年紀最好先參加台北青商會。當時我正參與父親轉投資的高球場事業，其中一個東大育樂的公司的顧問叫做LOTTO桑，LOTTO顧問時常向我提起加入青商會的好處。另外一個機緣是某天有一個賣Panasonic事務機器的業務來拜訪我們公司，交談中得知他也是台北青商會的會員，也很樂意當我的推薦人，在這個因緣際會之下，從一九八九年二月開始我持續利用晚上的時間參加青商會的活動，然後經過兩個月的見習，於一九八九年的四月就正式成為台北青商會的會員。

加入後發現青商會是一個很有趣的團體，也可以說青商會是一個很值得年輕的企業家、家族企業接班者或公司中高階職位的年輕人來的地方。其中非常值得學習的是他們的議事規則，青商會的開會充滿了秩序面，這裡每人的座位都是依照他的職位而定，發言與程序都有著正式的倫理與規矩。

青商會的會議座位表都有一定的位階排定，會長坐在中間，然後會長的旁邊就是秘書長，另外一位就是他的前會長，因為前會長的工作是輔導會長，而秘書長、副會長及各委員會主委也都有正式座位，在此用一個圖來說明一下（如161頁圖）

青商會跟扶輪社都是屬於社團，不同之處有二：第一個，青商會是比較年輕的團體，四十歲以下來參加青商會的會員，大部分都是事業還在發展中，以經理人或是企業二代比較多。而扶輪社的成員多是企業主或是政界學界人士。第二，青商會重視訓練、扶輪重視聯誼。青商會可以學的比較多，因為訓練後的實踐都需要青商會員親自執行，而扶輪社就是請會員踴躍捐款，扶輪社的執行部分大多就是會長，秘書長，主委帶頭行動，其他的社員都做志工，然後應酬與聚會多。

青商會從宗旨到核心思想，都是台灣青年應該參與的學習殿堂。前監察院的姚嘉文院長當年也是我們台北青商會的會長，有一次，姚院長擔任台北青商副會長時，當場在往澎湖訪問的飛機上就下了一段對青商會的註解：「青商會乃是青年的學府，領袖的搖籃。」這句話真是鞭辟入裡，完美詮釋，而青商會也出了很多端正社會風氣運動的傑出人物，如貢獻社會良多的消費者文教基金會，就是青商會李紳一前會長所創立起來的，創設的源流來自於當年淡水轟動一時美商的飛歌中毒事件[3]，此事件引起全國一片譁然，青商也同步譴責這樣沒有良心道德的行為。李會長看見台灣當時的食品上市過程中絕大部分是沒有經過檢驗的，廠商為了賺錢，加入一

3 飛歌事件，是台灣一宗職業災害事故，美商台灣飛歌電子公司設在台北縣淡水鎮竹圍里（今新北市淡水區竹圍里）的工廠，於一九七二年接連發生女工中毒死亡事件。主管機關事後調查發現，該工廠使用劇毒物質作為工業除污劑，工廠建築又沒有適當的通風措施，導致五名女工吸入過多有毒溶劑的揮發氣體，引起肝中毒死亡。資料來源：維基百科 https://zh.wikipedia.org/zh-tw/%E9%A3%9B%E6%AD%8C%E4%BA%8B%E4%BB%B6。

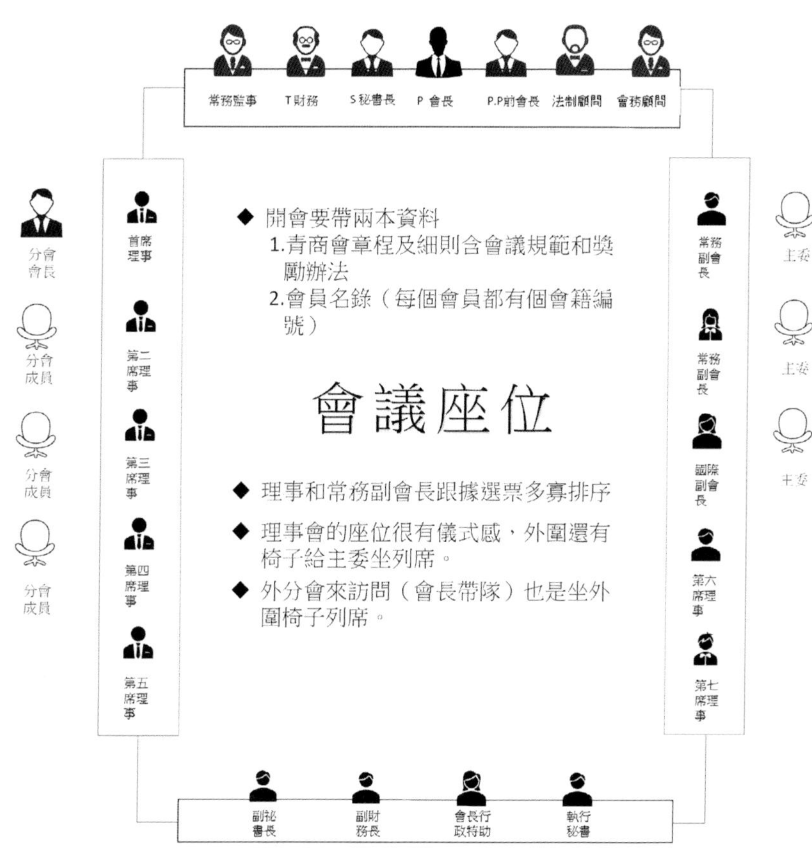
常務監事
T財務
S秘書長
P 會長
P.P前會長
法制顧問
會務顧問
分會會長
分會成員
分會成員
分會成員
首席理事
第二席理事
第三席理事
第四席理事
第五席理事
◆ 開會要帶兩本資料
1.青商會章程及細則含會議規範和獎勵辦法
2.會員名錄（每個會員都有個會籍編號）
會議座位
◆ 理事和常務副會長跟據選票多寡排序
◆ 理事會的座位很有儀式感，外圍還有椅子給主委坐列席。
◆ 外分會來訪問（會長帶隊）也是坐外圍椅子列席。
常務副會長
常務副會長
國際副會長
第六席理事
第七席理事
主委
主委
主委
副秘書長
副財務長
會長行政特助
執行秘書

堆化工調味劑，完全犧牲消費者的健康。所以那時候青商會在李會長等人的號召下就發起了一個消費者保護運動，主旨就是讓消費者及政府一起重視這個嚴重的問題。

一般青商會辦的活動都是像開拓者一樣，就是將一個事件點個火頭引起輿論共識後，再將發球權交還給政府執行。消費者保護運動議題立刻在社會上引起瘋狂討論，政府也很重這個事情，於是當時的李紳一會長，他本身是一位律師，結合了幾位熱心的夥伴一起推動消費者保護運動，一位是白省三建築師，另外一位是林世華律師，三位都是社會上鼎鼎有名的大人物，為了籌措初期經費，李紳一會長還賣了一棟房子。

台北青商會也推動了一個名為不二價的運動，以前在商店裡買東西總是要討價還價，有殺價才算消費高手。但是不二價運動延續到今日，卻因為不讓殺價的劣習阻礙經濟上的發展而造就了很多如便利商店、電商平台等等的經濟奇蹟，若非當時的領導人物能取經國外，高瞻遠矚，台灣今日未必有如此美好的公平銷售環境。

除了不二價運動外，為了提升國民素質，青商會也大力地推行排隊運動。而轟動一時的動物大搬家更是青商會史上的得意傑作，圓山動物園要搬到木柵動物園的大事件喚起了市民對民生議題的共同關注，無數的台北市民自發性地沿路手牽著手，護送動物們一路進駐新家，至今仍然傳為美談。

令人好奇的是，這麼大的項目工程總要花費不貲，難道經費都是自己會友捐獻而來的嗎？接下來，談談青商會教會我的五件事。

第一件事：無中生有的開發能力

舉諸青商會像類似這樣的活動，若沒有政府支持的情況下如何籌措一筆又一筆的活動經費呢？青商會教會我的第一件事，叫做無中生有的開發。以經費來說，就是找人籌措財源，以資源來說，就是善用前輩的豐沛人脈協助。我也曾經參與過一些大項目與活動，從裡面學到非常多的開源技能。

當年台北青商會的會員陣容與實力都非常的堅強。印象中每次月例會都在環亞飯店舉辦，鄭董事長的就是環亞集團鄭綿綿總裁的弟弟，同時也是台北縣議會議長與前台北青商會的會長，鄭會長也非常慷慨的贊助各項活動。

青商會賦予成員的任務就是要想辦法去籌措財源，這個達成任務的手段與過程稱之為無中生有。事實上，商界與政界有很多資源，就看成員如何去挖出這些資源。例如要舉辦一個動物大搬家，就要去找台北市政府尋求經費與資源上的支持，早期台北青商會在一九七二年舉辦世界大會，任務小組也找了時任國民黨祕書長的張寶樹先生尋求經費上的奧援，結果張祕書長開了一條路，他願意在舉辦國際性活動上，尋求美援的支持。青商會教我們的會員怎麼樣去做無中生有的功夫，而擔任青商會的項目負責人，就要思索如何去開源，對內找你的會長或是會內理事，用他們的關係找他的客戶來贊助，這個才是有意義的開源工作。

另外青商會的開拓者月刊的製作經費完全來自於廣告贊助商，這些贊助來自於刊物內頁販賣廣告版面的收入，就像報紙一樣。由於我們編輯的刊物內容深度夠，吸引閱讀的關注度很高，所以也吸引了滿滿的企業廣告訂單，不僅用來印製雜誌經費充足，多餘的還可以挹注的會內的財源。

第二件事：學會編輯

許多人看到這裡，可能會覺得不可思議，「編輯」這種工作對於一個企業家來說，有什麼重要性可言呢？

我在參加青商會後首先接觸到的部門就是「編輯紀錄委員會」，這是青商會的組織部門中最冷門的、而且沒有人願意去花時間投入的一個委員會。但我打破眾人眼鏡，花了大把時間與精力學習如何處理編輯刊物的工作，甚至有時還常常在印刷廠裡面弄到三更半夜。當時順光公司的顧問，也就是剛提到的LOTTO桑除了青商會友的身分以外，也是當時的MONEY雜誌的顧問，MONEY雜誌是當時全台灣最大的財經雜誌媒體刊物，發行量是全國之冠，擔任總編輯的陳照旗先生也與我熟識，陳照旗總編後來成立了有名的上旗文化出版社，在編輯這一方面也是我的恩師與前輩。

當時的陳照旗先生看我什麼都不懂，但對於我的一股傻勁充滿了好奇，他就是一個很熱心的人，也因為ＬＯＴＴＯ顧問的關係，他格外的照顧我，還帶我去印刷廠看整個書籍雜誌製作的流程。原來我們手邊一本不起眼的書刊，製作流程竟然如此繁雜。陳總編對我說：「一本書從頭到尾是怎麼完成的，從寫稿、打稿、排版、印刷，再透由人力送達到通路商，是一條多麼繁複的流程。」當年是沒有電腦的，編書刊需要人工寫稿再委託打字小姐用打字機打稿，隨後送至印刷廠排稿後，才能進入圖片彙整與最後製版與印刷的流程。

越是別人眼中棘手的工作，就越能激發我的鬥志，當時在順光公司裡也會常常需要做一些報章媒體的版面廣告，而刊登工商廣告需要文稿，算版面，雖然我當時是以編輯青商會刊為主，心想若將這個學問如果學起來，就也能夠在公司的行銷成本上有所幫助。我很感謝陳照旗總編輯，他告訴我若真的有心要學，可能要常常睡在印刷廠裡，那整個ＭＯＮＥＹ雜誌的工作群都是你學習的後盾。有了總編一句話，讓我開始對於編輯工作的學習建立了信心。

其實這個編輯的工作既冷門又沉悶。但是當你真的用心投入，當每一期的青商會刊物出版的時候，那個喜悅與快樂，好像是你親眼看見自己的小孩即將出生的那份期待與成就感，這些辛苦一切都值得了。

當然我會這樣形容，是因為我的個性，我是一個不爭而爭的人，懂得逆來順受，懂得放下身段，我知道要如同我的信仰一樣，時刻保持著信念與對於學習路上的謙卑之心，我們青商會的刊物名為「開拓者」，原意為先鋒開路者，當年「開拓者」刊物是每個月出刊，所以每個月都要為了蒐集稿件而焦頭爛額。「開拓者」一期的內容要編完四十頁，的確是一門吃力不討好的苦差事。但是藉由這樣的訓練過程，我對於刊物的編輯，包含採訪、寫文章、印刷廠流程已經非常熟悉，對於自己公司的廣告標題、下賣點，以及如何凸顯產品的特性文案就不須假手他人，甚至對自己公司的員工也能產生不錯的訓練作用。

只要走過編輯這條路，對於時間的掌控訓練也能起到良性的作用，因為印刷與製版時程是固定的，所以會

開拓者月刊，李登輝總統與白省三建築師

有制定每月的截稿日期，月刊要截稿的前一天晚上，一定要將內容編好，時間壓力也的確能夠訓練自己在做事的規劃上將工作合理的分配，我們也可以看見成功的企業家或高階主管在這個環節上有非常嚴謹的要求。所以後來我們還在社內舉辦了多次的編輯訓練。

有個例子是關於財訊的謝金河董事長，當時謝董事長還沒有像現在這麼出名，但他的確是一位令人敬重的實業家。民國八十一年的時候有一場青商會參觀財訊企業的活動，藉由謝董事長的說明我才知道原來雜誌編輯採訪的流程。其實一本好的雜誌的編製，最重要的關鍵在於平日專案分類的採訪工作，針對每一種專案資料都要先做完採訪與寫好稿件，放在專屬的資料夾歸檔，尤其是針對是工商界、金融界大老，甚至政府官員等都要有相關針對議題性的採訪報導資料備用，然後對於企業與產業內的消息也要隨時針對時事變化馬上補充或調整原有的文章。一旦發生什麼相關聯的大事與這些受訪的人物之中有關連性而值得報導的，馬上就可以抽出之前準備好的稿件編入雜誌中，原來雜誌社的日常工作都沉浸在對於時事與產業動向的專題與關注，不斷的建立內容檔案，這樣才能夠把一本好的雜誌給呈現出來。在這行程之中不僅學到了雜誌的辛苦經營之路，也對一個用專業與執著打造的媒體企業的奠基過程有更深一層的體悟。

第三件事：口才的訓練

青商會對於本來很內向、不善於言語的人，是一個絕佳的訓練改造所。

青商會的訓練計劃，就是要強迫會員們學習如何大方地表達自己，能夠見效的原因在於青商會每次會議都是從一分鐘的自我介紹開始，讓每個人都能由短暫的介紹真正認識你，藉由陳述可以說出自己的專長，訓練台風與臨場說故事的本事。

台風的訓練，也是企業領導者必備的技能之一。青商會非常重視口才的訓練，並會找專業的老師來訓練會員如何講話。

此外還有司儀的訓練，司儀是掌握一場會議或重大活動的靈魂人物，說話節速的快慢，咬字的清晰，都是代表著一場重大活動的層次感。司儀訓練也是青商會常常舉辦的訓練課程之一，加上青商會固定都會舉辦辯論賽，稱之為奧瑞岡辯論，奧瑞岡辯論是從美國第7艦隊上發展出來的辯論方式，三對三的辯論模式在今日也可常見於校際社團間的辯論競賽。

辯論賽的精采度也孕育出後來許多優秀的政治菁英人物，比如說我曾經目睹前行政院長蘇貞昌先生的辯論賽風采，也有一些活躍於檯面上的國會與縣市議員，年輕時都受過青商會口才的訓練。但是，扶輪社就沒有這樣的比賽活動，青商會在青年育成方面確有獨到之處。

第四件事・會議規範

「會議規範」的施行，可以說是青商會的一個金字招牌。

會議規範之所以如此重要，是因為現在的立法院也是用青商會的這一套法則。會議規則在歐美國家早已非常普遍，它叫做 Robert's Rules[4]

"He need some about Robert rule" 的意思就是開會中請遵守會議規範

4 羅伯特議事規則（Robert's Rules of Order）是一本由美國將領亨利・馬丁・羅伯特於一八七六年出版的手冊，蒐集並改編美國國會的議事程序，使之普及於美國民間組織，也是目前美國最廣為使用的議事規範。《羅伯特議事規則》歷經百年修改，最新版本（第十二版）於二〇二〇年發行，由丹尼爾・希柏德（Daniel E. Seabold）、薩謬爾・葛柏（Shmuel Gerber）等議事學者參與修訂。《羅伯特議事規則》本質上屬於對社團和會議進行有效率的民主化運營的操作手冊，可以為制度設計提供一套守則，可以為不同群體間交換意見、達成和諧提供約定俗成的語法。

有一段中國歷史上的真實故事印證了會議規範為何如此重要。在清朝時，曾經跟俄羅斯有簽過一個尼布楚條約[5]，清朝時的遠東地區，就是現今西伯利亞東邊的土地早為蘇聯所覬覦，但是蘇聯想要正式跟大清簽下合約以確保土地割據的成果。在尼布楚談判中，蘇聯卻善用議事規則，不費一兵一卒，只是靠會議規範與說話技巧就讓清朝代表語塞，乖乖地簽下尼布楚條約，所以可見會議規範的重要性。

會議規則可用於主導性的談判或議事的進行。比如說會議中都輪不到自己發言，但想發言的人卻能利用會議規範在會議中舉手提出程序問題，請主席先不要發言讓自己發言，就為替自己爭取了說話的機會。而會議規範裡面也有很多技巧，比方說一個議案讓兩邊爭議不休，沒有共識，這時主席可以馬上說休息5分鐘，這個休息時間就是要雙方來協商的。可見學好議事規則在往後的談判桌上，會有正面加分的功能。

第五件事：國際上擁有雄厚的實力

台北青商會在國際上擁有有雄厚的實力，它有十五個國際性的姐妹會遍佈於歐洲與日本，我們跟日本的北九州青商會與關西貝塚青商會關係非常密切，每年都會有既定的互訪行程。

國際姊妹社的交流互訪，增加了對國際會員產業間的經營了解，讓企業操盤上的視野更開闊，更具有國際觀。其實在扶輪社中，在這一點的觀念上也是延續青商會而建立的，今年五月我帶團前往韓國濟州島與濟州西部扶輪社締結姊妹約開啟保安社國際締結的首例，我常常跟社內的新進會

5 《尼布楚條約》，俄方稱《涅爾琴斯克條約》，是大清和俄羅斯沙皇國於一六八九年簽訂的第一份邊界條約，也是中國歷史上首次在國際法的精神下簽訂的條約。簽訂條約的結果使清朝與俄羅斯分據廣大土地，並一度阻檔俄羅斯的東擴。

員說，能夠參與這樣的盛事是各位一輩子難得的經驗，每一次國外之旅回來，必能再度重新蛻變，昇華自我的眼界。

▲▼台北青商六十五週年慶典

扶輪社

扶輪社友，超我服務

扶輪社的成員稱為「扶輪社友」（英文：Rotarians），主要的標語是「超我服務」（Service above Self）及「服務越多，獲益越大」（One Profits Most Who Serves Best）的核心價值。

全球第一個扶輪社是由保羅．哈里斯結合一群來自不同行業的朋友，於一九〇五年二月二十三日創立於美國伊利諾州芝加哥；首次聚會中，有保羅．哈里斯和三位朋友出席。最初此扶輪社的定期聚會是每週輪流在各社員的工作場所舉辦，因此以「輪流」（英文：Rotary）作為社名。

FAN社長偕同夫人Rita參加扶輪地區年會

服務越多　獲益越多

我在扶輪社的資歷非常久，當上台北保安扶輪社社長之前，已經在扶輪社團體中歷練了十幾年。一九九四年，在我成為青商會ＯＢ的前夕遇見了一位青商會的林明憲前輩。當時我還在台北青商會擔任財務長職務，同年的四月林前輩就邀請我進入他所屬的和平扶輪社。林明憲前輩是和平扶輪社的C.P.（創社社長），該社成立於一九九〇年十二月，是一個頗具規模的大社，我加入之後很受到林創社社長的照顧，和平扶輪社運營的非常不錯，會務蓬勃發展，但跟我當時的年紀所能發展的方向不甚相同，於是暫時退出了扶輪社的參與，這一停頓，竟停頓了三年之久。

在偶然的機會中，出現了另外一個加入扶輪社的機緣。當年要建設加油站工程時，那時有幾個營造廠來洽談，我跟其中一位老闆滿投緣的，發現他為人誠懇且踏實。在交談之中，他邀請我加入他所屬的華陽扶輪社，有趣的是，和平扶輪社是說台語的，華陽扶輪社卻是說國語的，至今也有許多扶輪社仍然是以台語為主要交流語言。

我在華陽扶輪社有八年的時間，其中個人引以為傲的是在華陽成立了扶青團（扶輪青年服務團），當初成立這個單位的主要目的是為了實踐一直提到的社會服務工作，而我在和平社也成立了一個叫做扶少團的單位。扶少團的成員以十四到十六歲為主，扶青團則以十八到三十歲左右的青年為主幹。

扶輪的青少年服務團活動很多，其中特別提到一個很有意義的項目稱為**國外姐妹社的青少年互訪交流**，類似現在學校裡的交換學生與寄宿家庭制度。這樣的發展的已經有二三十年的歷史，當年我擔任和平社扶少團的主委時推派一個高中生團員到美國田納西州，擔任為期差不多十個月的交換學生，這個學生每個月都要來信報告在美國當地的生活與學習的情形。

互訪交流的模式是大約每次會派三個人到海外，就寄宿在當地扶輪社友的家庭中，這些學子大約每三個月換一次寄宿家庭，一次大約十個月的旅程可以在三個不同的扶輪社的家庭中與不同的人生活。就學方面也會透由扶輪社的安排就讀當地的高中，相對的國外友好社派來的子弟我們也同樣給予高規格的照護，學習方面就安排到像景美女中或是台北工專這樣優良的學校短期就讀。生活費用都由扶輪社支出，這個青少年的交流活動對下一代有幸參與的年輕人的未來有莫大的助益，能提早體驗國際文化與生活方式並增加語言交談能力，剛剛提到田納西去遊習的這個女生，後來還成為政大的學生。

這位女生回憶起當時寄宿家庭的 HOME 爸教她開小飛機，兩人一路開著小飛機溜到天上去玩，這些閱歷改變了她的人生，為她自己所設定的將來做了很棒的改變，她後來也經營貿易方面的事業，做得有聲有色。

註：寄宿家庭的父母稱為ＨＯＭＥ爸與ＨＯＭＥ媽。

除了交換生的活動，包含扶青團還有扶少團，我都擔任過輔導主委，在和平扶輪社時期，我找了和平高中裡的高一與高二大約三十位學生一起參加扶少團，主要參與社會服務。有一年我們招集了其中六、七個學生跟著我們一起到大阪訪問。國際二六六二地區是我們的姊妹區，這些年輕人與團員一起住在日本 Home Stay 規格的地方，這對於他們的人生旅途中絕對是一場永難忘懷的真實記憶。二〇〇四年，我與一位台大資工系的教授同樣在華陽社也創設了一個扶青團的組織，用我前兩個帶扶少團的經驗來引導年輕學子參與社會服務，參與國際交流。

加入保安扶輪社的機緣也是一個奇妙的巧合，那時我已經從華陽社退出而沒有加入其他的扶輪社。有一天吃早餐時巧遇我內湖的鄰居鄭明松先生，偶然聽到他正在籌備一個新的扶輪社，理念跟我也滿接近的，我提起我在扶輪社的經驗，請他幫我引薦加入正在籌備中的保安扶輪社。

保安社的創社社長 C.P. STYLE，是著名美髮集團王俐人總裁的先生，我自動請纓擔任保安社的創社秘書，真心發現保安扶輪社的氛圍非常好，而我加入保安社十三年後才擔任社長，這些愛護我的扶輪先進們希望讓我多所歷練，就是期望我在這一屆社長任期內開創新局，而我也不負所託，在許多方面都讓保安社的聲望與貢獻往上提升了一個層次。保安社的體質極佳，它是由大龍峒社所輔導產生的新社，大龍峒社位於大同區，是一個非常傳統的本土經濟實力的聚集區，所以風氣頗為傳統但極重視情誼。這樣的氛圍讓我感到格外溫馨，也打定了往後就駐守保安扶輪社裡，繼續貢

2022保安扶輪社捐血義舉

保安扶輪社聯合社區服務日

獻心力。

大龍峒社是保安社的母社，創設保安社時，大龍峒社一口氣派了三位資深社友來加入，其中一位擔任過大龍峒社的社長，也就是C.P. STYLE王奮政先生，也由於如此，保安社的籌備及第一年運作情形方能如魚得水，這一切歸功於這三位前社長的無私奉獻，以及來自於母社的積極扶持。

完整歷練，領航前進

從擔任創社秘書開始，我在保安社歷練過兩屆副社長，很多委員會主委與財務工作，而擔任這一屆的社長任務可以說是圓滿順利，除了有前會長們的支持，包含辛苦的秘書長，各委員會主委與辛勤響應號召的社友們鼎力協助，保安扶輪社在今年開創了一些嶄新的局面：

第一點：社區發展

舉辦公益路跑、土耳其賑災、烏克蘭人道援助，在國內針對偏鄉援助彰化的二水國小，學校因應視訊教學需求，我們捐獻了三十部的二手電腦給學生使用。

另外在大龍峒地區也有提供社區性的扶輪之子服務，對地區裡八個學校的學生提供了部分捐款。除此之外另有贊助十五名清寒學生的學費，這個是由會員個人捐贈一萬二千元而成立的扶輪之子認養基金。

第二點：社員發展及防止社員流失

這屆任期中幸運的創下社員成長百分之十的佳績，從三十四位社友增加到三十九位社友。增加社員要經過推薦與重重考核，所以當社長的社員發展及防止社員流失工作，並沒有大家想的那麼容易。

第三點：籌備新社

保安社至今已成立了十三個年頭，為了擴大子母社的經營規模，我們準備籌建一個全新的扶輪社，取名為龍安扶輪社，龍指的是大龍峒扶輪社，安就是保安扶輪社。龍安扶輪社的籌備工作目前正如火如荼的積極進行，預定在今年的十月召開臨時社成立大會，由蕭閩中先生擔任創社社長C. P. ADAM。

第四點：首次締結海外姊妹社

二〇二三年的五月，我偕同地區總監前往韓國與當地的濟州西部扶輪社簽署締結三年姊妹約的ＭＯＵ，保安社打破傳統只締結國內友好社的常規首度締結第一個海外姊妹社，希望往後能夠在海外其他地區勇於結緣，結交更多全世界的扶輪社友，讓我們會務推廣的範圍能夠國際化。

與韓國濟州西部扶輪社簽約締結姊妹社

第五點：勇於捐款

今年我獲得了保羅哈里斯的巨額捐獻獎，捐獻的金額是美金一萬元，超越以往的社長捐獻的額度，也深感榮焉，畢竟能做到的事就勇於去做。另外我也捐了新台幣五萬元給中華扶輪教育基金，今年連社友聯誼的捐獻加上社務上的捐款金額總數已經超過了一百萬，身為社長的我義無反顧，必須帶頭衝刺，所以我的捐獻額度也最多。今年的七月六號我也捐款給保安扶輪社四十萬台幣做輔導新社與韓國姐妹社交流基金，只要是能力所及，我都勇於支持奉獻。

扶輪貴人，引領人生的不同風景

貴人是我們人生中非常重要的導師，常常在關鍵的時刻出現在我們的面前，給予我們有形或無形的幫助，可能因為一個引薦，或一番鼓勵，讓我們在低谷的時候再度站起，造就一個全新的局面。

韓國濟州西部扶輪社地區年會

田中路跑組隊參加

扶輪社裡到處都是在社會中實力與地位兼具的優秀企業家，我在扶輪十數年的旅程中遇見了三個貴人。第一位，是引領我進入和平扶輪社的林明憲前輩，沒有他，我也可能不會再接續與扶輪社的情誼。

第二個貴人則出現在我人生低谷的時候，他是北門社的 P.P. DRAGON 李廟燈先進，李前會長擁有極佳的口才，能言善道，常常會用故事的方式帶我走向正向的思考。我們的因緣來自於他跟我都是考上建中與台北工專的同學，而他是我前三屆考上的學長，但他謙虛笑說他家境比較不好，只能念台北工專，建中就請我去念。後來他擁有自己的事業，專做台電的生意。因為我跟他都是屬於 2010/2011 年度社秘會的成員，他專精紫微斗數，看了我的命盤後給了一番註解，也是我至今聽過最符合我個性的一席評語：

他說志宏兄，您的個人特質就是——

「勇於認錯，但是未曾改過；一錯再錯，不斷重複犯錯。」

我聽完哄堂大笑，但心裡卻十分常認同，好像我天生的個性是如此，而我確實是屬於比較溫和的一個人，不容易鑽牛角尖。

第三位貴人是邀請我入保安社的P.P. BEN，也就是我的內湖鄰居鄭明松先生，BEN除了在很多事情上給足建議以外，當然他也是我的推薦人，同時也是我與保安社結緣十餘年的牽線貴人。三位生命中的貴人給了我不同時期的心理建設，讓我得以成長茁壯，蛻變後的我，也承諾會將這股奉獻的熱誠，一直延續下去，有一天，希望我也成為別人再度飛翔的貴人。

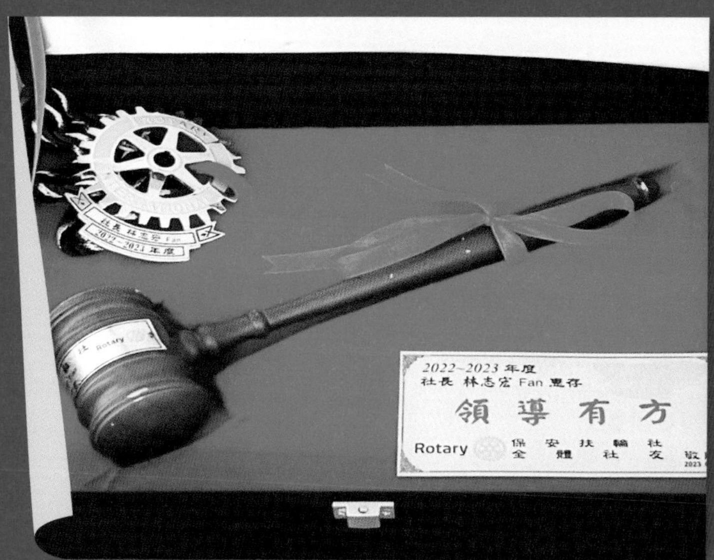

扶輪社社長卸任贈禮

22-23地區總監公式訪問

菁英薈萃的建中校友會

傑出校友，社會棟樑

建國中學孕育出了許多政產官學界的傑出人物，除了大家耳孰能詳的馬英九前總統、賴清德副總統、蔣萬安市長、現任國民黨朱立倫主席、行政院鄭文璨副院長、林佳龍部長，我們的諾貝爾獎得主丁肇中先生、前衛福部長陳時中先生，以及無數優秀的傑出校友們多年來以優異的貢獻榮耀紅樓。

校友情誼，受益匪淺

大家知道建中是公認的學霸學校，天資聰穎之人比比皆是，建中校友會中最有歷史的兩大社團為童軍團與橄欖球隊，目前活躍於政商學界的許多名人也多有參與這兩大社團的身影。我從建中畢業已經五十年，所以今年十二月建中校慶的時候，我們發起一個畢業五十年校友重聚會的活動，目前已經得到許多同學的熱烈響應，而且人數還在持續增加中。原本大家推舉我做老校友聚會的召集人，但是擔任扶輪社長的我實在分身乏術，所以就拜託現任福華飯店的廖董事長擔任召集人，所有老校友聚會的籌備會議都在福華飯店舉行。

在七、八年前我也成立過一個「建中校友四季會」，我擔任了六

建中校友四季會餐敘

年的會長。訂於每年的三月三號、六月六號、九月九號、十二月十二號舉辦校友聚餐聯絡情誼，還有成立專門的LINE群組，有幾次我將聚會地點辦在著名的銀翼餐廳，大家也都很盡興，後來因為時間難以整合而慢慢淡化了。但在四季會之中，仍然認識了不少的朋友。

我積極參與建中校友會跟舍弟有極大的關係，他在我之前就已經加入建中校友會，也擔任過建中校友會總幹事，他最大的成就就是協助我們總統候選人

建中校友四季會苗栗一日遊

馬英九先生進入校友會，所以馬總統十分感謝舍弟，二弟在過世的時候，馬總統也有送花致哀。

適時反哺，嘉惠學弟

今年的五月二十七日，我連續第二年贊助建中績優前十大社團，每年十萬元的社團活動經費。並非是我想要那些鎂光燈上的喝采，我想見到的是來自這些學弟臉上開心的笑容，以前我們搞社團，常常要去想錢從哪來，建中有幾個社團表現非常優異，像是樂旗隊與合唱團都定期參加全世界的比賽，也是該獎項的常勝軍，不僅為母校增光，還能為自己的學生生涯記上一筆輝煌。有了這十萬元，再加上家長會補助每個社團每年大約可以分到五千元的金額，難怪學弟看見我時，總是親切的大學長大學長的招呼，雖然贊助的金額不多，打從心裡也是跟他們一樣喜悅。

扶輪之子計畫獲得校長熱烈支持

我與地區扶輪社的「扶輪之子」委員會主委，及下任保安社的陳信宏社長一起拜訪了莊智鈞校長，當場向莊校長報告了我們的「扶輪之子」計畫，「扶輪之子」計畫是針對有需要但情況特殊的學生，不限名額，由校方與師長決定後，扶輪之子計畫就會提供每人每學年助學金額一萬兩千元：

扶助對象：

1. 學生品行優良但資源欠缺之弱勢家庭。
2. 學習困難編制於集中式特教班或分散式資源班，或具有其他學習困難者，經各管理老師或導師認定，亟需補助者。
3. 學生家庭突逢變故，鼓勵有心向學的學子上進努力，使其能安心就學。

聽到這裡，校長突然間想起學校中有一個個案希望我們能夠評估一下：有一個優秀的學生申請到德國慕尼黑大學就讀，因為家中能給的經濟支持不多，姊姊用盡全力也支持弟弟三十萬的生活費，這位同學選擇慕尼黑大學是因為德國的大學不用學費，而他只需要募集三年大約一百萬左右的生活費就能安心就讀完成學業，

扶輪之子獎學金捐贈典禮

在學費募資發起活動後約有兩百個人願意支持這位同學，但總數還大約缺了十萬元左右，我聽校長說陳同學是個很優秀的學生，立刻找了幾位熱心的贊助者與我一起把這十萬元補足，也獲得校長對我們熱心教育的行動力的高度肯定。

一一二學年度獲得贊助的建中績優社團名單

編號	社團名稱	等第
D10	合唱團	優等第1名
D08	口琴社	優等第2名
CK3	樂旗隊	優等第3名
D06	古典吉他社	優等第4名
B14	魔術方塊社	優等第5名
A06	航空社	優等第6名

編號	社團名稱	等第
A05	天文社	優等第7名
B05	橋藝社	優等第8名
B11	大眾傳播社	優等第9名
A02	生物研究社	優等第10名

感謝篇

勵志典範，決然大度的林志宏學長

與林志宏學長的緣分為建中校長莊智鈞先生所牽，彼時我面臨人生重要關卡，正在進行出國留學的申請程序，孰料家中突發狀況使得經濟吃緊，近要受迫而放棄出國留學的夢想。但是我為了不增加家中的負擔，而開啟了募款的活動，志宏學長輾轉自莊校長口中得知此消息，毅然決然慷慨解囊，更極力協助分享宣傳，完成了最後一波捐助，使得我的募款活動順利達標。

對學長大方地協助自然是感激涕零，但在閱讀完學長的文字過後更是由衷感動。頭頂人生勝利組頭銜，手握絕佳好牌，但深知自己即將迎來洶湧波濤，勇於面對未知的挑戰與艱鉅的困境，而學長總能不忘初衷、忠於信仰，由神帶領他打完精彩牌局，逆轉獲勝。正如我在閱讀此書的時候，面對未知的大學生活、即將隻身前往德國求學的恐懼與不安，學長的正能量與堅毅，正是我渴望追逐的模範。

志宏學長的人生故事讓我想起一位補教名師陳鴻樑先生所言：「盡全力、致完美、空得失、莫遺憾。」期待更多與我同樣處於少年徬徨時的學弟妹們，能夠花一個下午，靜靜地品讀學長漫漫一生，不論故事轉折抑或字句佳言，都將成為滋潤你我的養分，伴我們齊步成長，堅定向前。

建國中學第七十五屆畢業生　陳寬昕　撰於民國一一二年六月

第九章

花甲之年的體悟

感謝，是發自心裡

志宏這一生中，最重要的職務都最晚才當，順光風機開業六十年才當董事長，自創社就加入的保安扶輪社，十三年後才當社長。

而這一切發生的時機，是如此美好，好在於主知道我在接任之前作足了功課，吃足了苦頭，主的恩賜讓我有充裕的實力與財富能多為公司的同仁做一點事。例如一值困擾著我們的交通車津貼問題，經由顧問王先生的分析後，我毅然當日下午就約他一同至福斯汽車看車，當場就下訂。這輛九人座交通車讓我們的同仁不用再煩惱如何從公車站來到公司鶯歌廠上班。主的恩賜讓我知道我在社長任內必須要能夠身先士卒的勇於捐獻善款，讓我們這次社友的成長，社會活動贊助的盛況，乃至於贊助金額的數目都是有目共睹。

擔任第十三屆社長授證時與3482地區總監D. G. Louis及夫人林鑾鳳女士合影

贊助輔導新社禮金及
國際姊妹社交流基金共40萬

FAN社長偕同夫人Rita參加金鶴獎頒獎典禮

主的慈愛讓我學會了感謝，我懂得感謝愛我的人，我的家人，我的太太，我的知心伴侶，我懂得感謝在我生命中出現的每一個人，不論對我是好是壞，不論給我是喜是悲，詆毀我的人給我堅強的意志力，遺棄我的人給我重生的強大心智，黑暗中拉住我的人給我光亮，在逆境中給我方向的人造就我的光芒。

而今我七十有一，人生已經走到下半場，但奇特的是，隨著我的年紀越大，這些年的頭腦越發清晰，身體也保持不錯的狀況。我的母親已經高齡九十幾，我時常向她請安問候，母親辛苦的陪父親打下事業基礎，成為丈夫最堅強的後盾力量，我感謝我的母親，我愛您。

我很欣慰自己的孩子皆能追逐自己的夢想，過他們自己認為美好的生活，我感謝這一切主的恩賜。

為商之道，就是做人做事之道

秦浦先生所著的李嘉誠經商之書中指出，李嘉誠的脫穎而出是時勢造英雄的結果，但更多的則是他特殊的謀事經商與為人處世方式。當我們仰望這位傳奇人物的時候，不禁要問，是什麼鑄就了李嘉誠的成功？

秦浦先生認為李嘉誠的一段話給了我們答案。

李嘉誠說：「在逆境的時候，你要問自己是否有足夠的條件。當我自己處於逆境的時候，我認為我夠！因為當時機一來，切莫遲疑，勤奮、節儉、有毅力，肯求知及肯建立信譽。」

或許有人在背後指點我，說我也是靠著順光，靠著父親的土地才有這一天，何來逆轉之說。我聽完莞爾一笑，他說的沒錯，可能上輩子我一樣侍奉主，甚至更加虔誠，所以主給了我一個好的出身，這點不可否認。

就像我提到，我的骨子裡如果沒有留著我父親那股不認輸的傲氣，在父親給我的三張好牌戰役中，我早就選擇逃避，而不是進取。

點石成金，土城變金城

人生永遠是無法停止學習的，如同父親七八十高齡時，還在想網路銷售怎麼作。有一個好朋友曾經跟我說，如果順光天下一二期從頭到尾我都成功打造起來了，那大概是我對順光及這個家族裡最大的一個貢獻。當初那個決定是正確的，而母親當時不太認同我的看法，就算今日父親在世的話，或許他也會想自己蓋，問題是自己來蓋也要有大概營造成本三成左右的資金，在那當下，我們實在沒有那個現金流的條件。而綠意開發合作的條件很好，也有續建順光天下二期的計畫。負責規劃的沈國皓建築師是最早設計商辦廠辦的知名建築師，順光天下在沈建築師的規劃下結合商業中心、商務飯店、專業的購物中心，以及企業總部的辦公室，父親以前就曾經提過，這個地方（順光天下的地段）會變成像東京的新宿的這種概念，未來將會是一個新開發的東區，前景非常好，在順光天下蓋好以後，獲利也會相當的豐厚，有了充裕的資金，企業便能夠轉投資與多角化經營，但是這一切對我來說，仍是一個沉重的擔子，好在身邊多了許多貴人相助，讓我能夠勇於前進。

晚年體悟，感恩有主

來自於主的眷愛，讓我有著一種成就的喜悅。晚年的體悟，不求滿盈的財富，只希望能再創一次家族的奇蹟，讓順光永續經營，也讓我足以告慰我的父親，告訴我的二弟，我沒有辜負他們對我的期待。謝謝我的母親，家族長輩，我的家人，這場逆轉戰局只是一個人生的里程碑，為了讓自己不留下遺憾，為了將自己的一輩子都奉獻給順光的員工們老有所依，為了傳承理念，人當在行有餘力之時，用心傳遞善念，行善積福，必得主的慈悲。可預見未來的日子裡，人生知足，謝謝在此時選擇陪在我身邊的太太蔡小姐，有幸福一路相伴，此生已經無憾。

Fan社長與夫人Rita參加扶輪公益路跑

後記

肯為別人打傘的人，才是真正的富人　商業文學作者　張兆東（阿雷格）

網路上看見一篇寫名商人胡雪巖的文章，觀後跟這本書產生極大的共鳴：述說有一名商人在生意場上失利，急需大筆資金周轉。他找上了胡雪巖，意欲用非常低的價錢賤賣自己的產業。胡雪巖不敢怠慢，經調查屬實後，立刻急調了大量現銀，卻出人意表地給出正常的市場價，來收購對方的產業。那個商人驚喜而又疑惑，深怕有什麼後招，但見胡雪巖笑着說讓他放心，稱自己只是代為保管你的這些抵押資產，等你挺過這個難關後，隨時都可以來贖回屬於你的東西。

商人驚訝不已，含淚感激，恭敬地向胡雪巖表示自己的敬意後便離開了。

商人走後，胡雪巖的門人不解的說，老爺，這不是經商之道，為啥送上門的福利不要！您不但不趁對方急需錢時降低價格，還照現況收購。

胡雪巖喝了口茶，講訴了一段年輕時自己的遭遇：在我年輕的時候，我只是店裡的小夥計，經常幫着東家四處催債。但那時也認為是天經地義。有一次，正趕往另一戶債主家中的我遇上了大雨，路邊的一位陌生人也被雨淋濕。

正好那天我隨身帶了傘，便幫人家打傘。後來，每到下雨時，我便常常幫一些陌生人打傘。時間一長，那條路上認識我的人也就多了。有時，我自己忘了帶傘也不怕，因為會有很多我幫過的人也來為我打傘。

說著，胡雪巖笑了笑：你肯為別人付出，別人才願為你付出。

剛才那位商人的產業可能是幾輩子慢慢積攢下來的，我要是佔了他便宜，人家可能一輩子都翻不了身。

後來，商人前來贖回了自己的產業，胡雪巖因此也多了一位忠實的合作夥伴。

* 不在別人遇到苦難時袖手旁觀，無動於衷；不在別人落難時不聞不問，落井下石。

* 肯為別人打傘，才是一生最大的財富。

的確，為商之道講求的是利益，許多人在利益上抹去了人性，留下狼性。

或許有些人這輩子依靠著狼性而飛黃騰達，不是因為其有比別人更精準的眼光，而是泯滅了人性。在這本書中，我們可以看見林耕嶺老董事長的堅守信譽，我們可以見到林氏家訓的諄諄教誨，可以看見林志宏董事長的善於付出，不求回報，只希望將這個世界變得更加美好，我們看見裡面有許多在商會組織具有社會地位的企業領導者，主動為弱勢的一方撐傘；人脈，不一定是用錢堆積出來的，這個世界充滿了未知的將來與滿佈的荊棘，荊棘的盡頭是無窮無盡的機會，知識能帶領我們披荊斬棘的方法，內斂的智慧則能滋養我們對抗困境的勇氣，對於林志宏先生的逆轉奮鬥史，充滿了無比的感動與共鳴。

國家圖書館出版品預行編目（CIP）資料
看不見的逆轉勝 / 林志宏著 . -- 初版 . -- 高雄市 : 麗文文化事業股份有限公司 , 2023.08
面； 公分
ISBN 978-986-490-221-7(精裝)
1.CST: 林志宏 2.CST: 傳記
783.3886 112011744

看不見的逆轉勝

作　　者　林志宏
文字採訪　張兆東
發 行 人　楊宏文
封面設計　曹淨雯
內文排版　菩薩蠻電腦科技有限公司

出 版 者　麗文文化事業股份有限公司
802019 高雄市苓雅區五福一路 57 號 2 樓之 2
電話：07-2265267
傳真：07-2233073
購書專線：07-2265267 轉 236
E-mail：order@liwen.com.tw
LINE ID：@sxs1780d
線上購書：https://www.chuliu.com.tw/
臺北分公司　100003 臺北市中正區重慶南路一段 57 號 10 樓之 12
電話：02-29222396
傳真：02-29220464
法律顧問　林廷隆律師
電話：02-29658212

刷　　次　初版一刷・2023 年 8 月
定　　價　390 元
I S B N　978-986-490-221-7（精裝）